U0137272

老子的正言若反、莊子的謬悠之說……《鵝湖民國學案》正以「非學案的學案」、「無結構的結構」、「非正常的正常」、「不完整的完整」，詭譎地展示出他又隱涵又清晰的微意。

曾昭旭教授推薦語

願台灣鵝湖書院諸君子能繼續「承天命，繼道統，立人倫，傳斯文」，綿綿若存，自強不息。蓋地方處士，原來國士無雙；行所無事，天下事，就這樣啓動了。

林安梧教授推薦語

喚醒人心的暖力，煥發人心的暖力，是當前世界的最大關鍵點所在，人類未來是否幸福，人類是否還有生存下去的欲望，最緊要的當務之急，全在喚醒並煥發人心的暖力！

王立新（深圳大學人文學院教授）

人們在徬徨、在躁動、在孤單、也在思考，希望從傳統文化中吸取智慧尋找答案；另一方面是割不斷的古與今，讓我們對傳統文化始終保有情懷與敬意！依然相信儒家仁、愛之說仍有益於當今世界。

王維生（廈門篔簹書院山長）

蔚理文叢01 001

鵝湖民國學案

呂榮海 賴研 蕭新水 洪文東 周隆亨 潘俊隆 陳蕙娟 陳祖媛等35人 合著

老子的正言若反、莊子的謬悠之說……
《鵝湖民國學案》正以
「非學案的學案」、「無結構的結構」、
「非正常的正常」、「不完整的完整」，
詭譎地展示出他又隱涵又清晰的微意。

—— 曾昭旭教授推薦語

鵝湖民國學案

呂榮海 賴研 蕭新水 洪文東 周隆亨 潘俊隆 陳蕙娟 陳祖媛 等35人 合著

華夏出版

吾觀地藏威神力　恆河沙劫說難盡

地藏菩薩本願經白話解釋

見聞瞻禮一念間　利益人天無量事

宅梵胡維銓　演述
嘉興范古農居士　校正
賢首院弘一法師　鑒定

地藏菩薩本願經概說

東初著

地藏菩薩本願經概說目次

地藏菩薩本願經概論目次

序

七月間，應性如居士請，閱地藏菩薩本願經，廻向他的母親。同時他又請示本經功德大意，因要啓發初機對本經持誦的興趣起見，謹就經中勝義處作提要的說明。

本經的功德，由於地藏菩薩悲願無窮，利益人天的功德，實非言說所能盡。如佛說：「地藏！地藏！汝之神力不可思議，汝之慈悲不可思議，汝之智慧不可思議，汝之辯才不可思議，正使十方諸佛，讚歎宣說汝之不可思議事，千萬劫中，不能得盡」——囑累品。所以佛陀把未度盡的一切衆生都囑託於地藏菩薩，並說未來一切衆生，即使墮入地獄一日一夜都不可以，何況墮五無間受無量劫罪苦？未來一切衆生於佛法中，倘有微少善根，都要救度。或應受報，臨至地獄門前，有一念廻向，念一佛名，或菩薩名，或一句一偈，汝都應方便現身救度。地藏因感佛陀對衆生如此的護念，願於未來世化百千萬億身救度衆生。故說：「唯願世尊，不以爲慮」。是故佛陀的深恩，地藏菩薩的悲願，愛護衆生，直如慈母之愛赤子。修學佛法者，雖粉骨碎身，經千萬億劫，報莫能盡。

本經素與普賢行願品，觀音普門品，同爲修學大乘佛法者專持課本。以期啓發地藏菩薩之大願，觀世音菩薩之大悲，普賢菩薩之大行，住持佛法，化度衆生。今日大陸無數同胞陷於互相仇恨殘殺之中，或遭槍殺，或遭橫死，或自殺，或被坑，種種迫害，傷失生命，含寃九泉，不假佛力，怎能超度？吾人各有過去現在父母兄弟姊妹，或鄉鄰眷屬，處於共區。倘能秉持一念虔誠每日持誦本經，迴向大陸同胞及諸眷屬，存亡兩利，最爲切要！

人生一切遭遇，都爲宿業所感。佛說的業，有共業不共業的分別，個人的不共業，所遭受病苦貧窮的疾難，祇有忍受，努力改善。社會大衆的共業，所遭受的天災人禍刼難，必需社會大衆共同努力改進，或挽救之。今日大陸同胞所受的刼難，乃各人過去共業所感。要消除共業所感的刼難，仍需大衆共同努力改進。倘能依照本經所說方法去力行，先養成各人大慈大悲救苦救難的悲願，以同一心願，同一企求，共同力行，必能消除今日所感的刼難。不獨個人刼難可消除，且爲挽救國家民族根本的動力。

本書，因身邊無參考書，僅就經中勝義處說之，以供初機者閱讀。何澤仁居士適消夏於山中，偶來晤談普度功德。故爲說地藏菩薩悲願，示以本經講稿，何居士認爲甚合今日度生切要的作品，願助資印行，以廣流通。故本書得以出世，實何居士之功德，又得心悟、心然二位學友發心校對，並此致謝。

佛曆二五一五年双十節東初序於般若關房。

地藏菩薩本願經概說

一、地藏菩薩救世的精神

流傳於民間最普偏的諸大菩薩，就是文殊，普賢，觀音，地藏，彌勒五位菩薩。這五位大菩薩，除彌勒菩薩爲當來下生佛而外；若文殊以大智，觀音以大悲，地藏以大願，普賢以大行，都有不可思議神通妙用，廣度衆生。但文殊，普賢，觀音，彌勒，雖化百千身形於六道度生，但其願力都有畢竟的時期。唯有地藏菩薩教化六道一切衆生，所發誓願的劫數，如千百億恒河沙無有止境。而地藏菩薩特別重視地獄的衆生，每日清晨，入諸禪定，遊化六道，救拔罪苦衆生。故有地獄未空，誓不成佛的悲願。所以釋迦牟尼佛，特將未度盡的衆生——從佛滅後直至彌勒成佛——所有未出三界在火宅中的衆生都囑託於地藏菩薩。因此地藏菩薩「地獄未空誓不成佛」教化衆生的悲願，爲一切諸佛菩薩之所讚歎。即是世間不大研究佛法的名人，其在演說的時候，亦常引用地藏菩薩地獄未空誓不成佛的大願，鼓勵群衆爲社會服務應有的精神。七月普渡節，成爲民間的風俗，是故地藏菩薩的悲願，比之於文殊，普賢，觀音諸大菩薩的願力，已更深刻的普偏世間化了。

由於地藏菩薩悲願神通廣大，不但一切諸天神王所不能瞭解，即大智文殊菩薩，大悲觀世音菩薩，普賢菩薩，以及定自在王菩薩，都不能具體瞭解地藏菩薩的神通妙用。故於法會中都相繼請問世尊：「地藏菩薩何以有如此神通妙用」？但菩薩神通妙用，絕不是今生修得，乃累劫重誓所成。如神通品說：「地藏菩薩於過去久遠，不可說不可說劫前，身爲大長者子，時世有佛，號曰師子奮迅具足萬行如來。時長者子，見佛相好，千福莊嚴，因問彼佛，作何行願，而得此相。時師子奮迅具足萬行如來，告長者子：「欲證此身當須久遠度脫一切受苦衆生。」……於是長者子，因發願言，我今盡未來際不可計劫，爲是罪苦六道衆生，廣設方便，盡令解脫，而我自身，方成佛道」。因有這種偉大的悲願，地藏菩薩才以度盡衆生，方證菩提。所以至今百千億那由他不可說劫，尙在菩薩地位。地藏爲十地位的菩薩，故菩薩影響於人心的也較諸大士爲深刻。

一切菩薩的願心都有窮盡圓滿的時候，何以地藏菩薩大願無窮呢？這就是「累劫重誓」，地藏菩薩不但於一佛前發願度衆生，並且於無量諸佛前發願度衆生。如業感品說：「乃往過去無量阿僧祇那由他不可說劫，爾時有佛，號一切智成就如來，其佛壽命六萬劫，未出家時，爲小國王，與一鄰國王爲友。同行十善，饒益衆生。其鄰國內，所有人民，多造衆惡。二王議計，廣設方便。一王發願早成佛道，當度是輩，令使無餘。一王發願，若不先度罪苦，令其安樂，得至菩提，我終未願成佛。……一王發願早成佛者，即一切智成就如來是；一王發願永度罪苦衆生，未願成佛者，即地藏菩薩是」。由此可知地藏菩薩發願度衆生，一爲要證得佛的千福莊嚴，一爲救度衆生。所以地藏菩薩雖於百千萬億不可說劫數，徧百千萬億世界分身攝化救度衆生，由於累劫重願所應度者未盡，故菩薩於今尚留在人間，救度衆生！

一切世界衆生，要以我們這個世界衆生最難教化，所以佛說：「娑婆世界衆生剛強難化」。釋尊住世八十年，以種種方便攝化度生，「令心調伏，捨邪歸正，十有一二，尚惡習在」——分身品。釋尊圓滿究竟正覺，尚不能度盡一切剛強罪苦衆生。其有未受調伏，仍隨業報流轉者，悉付囑地藏菩薩。如本經說：「今娑婆世界，至彌勒出世已來衆生，悉使解脫，永離諸苦，遇佛授記」——同前。地藏菩薩的本願，即是救度衆生，故對佛陀囑付，當然誠意接受。便白佛言：「我從久遠劫來，蒙佛接引，使獲不可思議神力，具大智慧，我所分身，徧滿百千萬億恆河沙世界，每一世界，化百千萬億身，每一身度百千萬億人，令歸敬三寶，永離生死，至涅槃樂。但於佛法中，所爲善事，一毛一渧，一沙一塵，或毫髮許，我漸度脫，使獲大利。唯願世尊，不以後世惡業衆生爲慮」——分身集會品。諸佛菩薩，都以救度衆生爲目的，特別是地藏菩薩累劫重誓，救度六道衆生，故有地獄未空誓不成佛的大願。要問地藏菩薩究竟有沒有成佛的時期？即應瞭解佛與菩薩的悲願既都在救度衆生，菩薩位中固要度衆生，即成佛以後亦復要度衆生。成佛以後並非是退休的階段，專在享福，依然以度衆生爲事業。釋尊成佛而後，五十年的光陰，都是遊行人間，無一日不精進度生。即至最後涅槃還度無量衆，於一日夜說涅槃經。一切大菩薩皆爲助佛宣化，在衆生位中似有成佛不成佛的分別。但地上菩薩證得諸法空眞如，不生不滅，不垢不淨，不增不減，本來寂靜，自性涅槃，故不畏生死，不樂涅槃。由了知一切相平等無二，證得無佛無衆生平等的實相，還有什麼成佛不成佛的區別呢？

今日人類正陷於互相仇恨殘殺當中，果能以地藏菩薩救世的精神，以救度一切衆生爲懷，不獨可解除一國人民的痛苦，並能拯救全世界人們脫離戰爭的苦難。

二、地藏菩薩救母的悲願

一切諸法實相，本來平等，由於衆生未證得平等的實相，故有我相，人相，衆生相的分別。菩薩已證得實相，觀察衆生的迷昧，沉淪，起於大悲心，站在無我相，無人相，無衆生相的立場上，發願廣度一切衆生。但地藏菩薩特別的是因救母罪而發願廣度一切衆生。這在本經上，有兩段重要的經文，值得引證：

在過去不可思議劫前，覺華定自在王如來，像法之中，有一婆羅門女，宿福深厚，衆所欽敬。她的母親信仰邪教，常輕三寶。這時聖女，雖以種種方便，勸誘她的母親，終未能改變她的邪見。不久她的母親死了，聖女爲孝心所驅使，而且早知道母親的死後，絕對不會有好的報應，所以決心要知道她母親去處。於是賣去家宅，廣求香華，及諸供具，於光佛塔寺，大興供養。見覺華定自在王如來形像供在寺中，塑像威容，端嚴畢備。這時婆羅門聖女，瞻禮尊容，便作斯念　佛名大覺，具一切智。若在世時，我母死後，倘來問佛，必知處所。是時聖女，垂泣良久，瞻戀如來，目不暫捨。忽聞空中聲曰：「泣者聖女，勿至悲哀，我是汝所瞻禮者，過去覺華定自在王如來，見汝憶母，倍於衆生常情之分，故來告示。……汝供養畢，但早返舍，端坐思惟吾之名號，即當知母所生去處」。當時聖女聽到空中聲音，感激涕零，旋即回家。以憶母故，端坐念覺華定自在王如來，經一日一夜，忽見自身到一海邊，其水涌沸，多諸惡獸，盡復鐵身，飛走海上，東西馳逐，見諸男子女人，百千萬數……被諸惡獸爭取食噉，其形萬類，不敢久視，因念佛故，自然無懼。因見鬼王無毒，乃問何以多諸惡獸爭噉罪人？無毒答曰：此是閻浮提造惡衆生，新死之者，經四十九日後，無人繼嗣，爲作功德，救拔苦難，生時又無善因，當据本業，受地獄苦。……聖女又問我母死來未久，不知魂神當至何處？無毒曰：菩薩之母，在生習何行業？聖女答曰：我母邪見，常輕三寶，死雖日淺，未知生處？無毒問曰　菩薩之母，姓氏何等？聖女答曰：父號尸羅善現，母號悅帝利，都是婆羅門種。無毒告曰：願聖女無須憂憶，悅帝利罪女，生天以來，經今三日。云承孝順之子，爲母設供修福，布施覺華定自在王如來塔寺。非唯菩薩之母，得脫地獄，應有無間罪人，此日悉得受樂，俱同生訖。……是時聖女，尋如夢歸，悟此事已，乃發誓願，願我盡未來劫，度盡一切衆生。是婆羅門女者，即今地藏菩薩是也——神通品。這是地藏菩薩往昔因中爲救母，供養覺華定自在王塔寺，由此功德，不獨菩薩之母悅帝利獲得生天果報，並且無間罪人，同得解脫。所以地藏菩薩更發誓願度盡未來一切衆生。

復於過去阿僧祇劫，在清淨蓮華目如來像法之中，有一女人名曰光目，其母在世，好食魚鼈，所食魚鼈，多食其子，或炒或煮，恣情食噉，計其命數何止千萬。不久命終，以在世作業，必墮惡趣。光目女乃設食供養一羅漢，探問他母親的生處。「羅漢愍念爲作方便，勸光目曰：汝可志誠念清淨蓮華目如來，兼塑畫形像，存亡獲報」——業感品。光目聞已，即捨所愛，尋畫佛像，專爲供養。復恭敬心，悲泣瞻禮，忽於後夜，夢見佛身，放大光明，告光目曰：汝母不久，當生汝家，纔覺飢寒，即當言說。其後家內，婢生一子，未滿三日，果然言說，稽首悲泣，告於光目：生死業緣，果報自受，吾是汝母，久處暗冥，自別汝來，墮大地獄，蒙汝福力，方得受生，爲下賤人，又復短命，壽年十三，更落惡道，汝有何計，令吾脫免。光目聞說，知母無疑，哽咽悲啼……而問母曰：地獄罪報，其事云何？婢子答曰：罪苦之事，不忍稱說，百千歲中，說也難竟。光目悲啼，而向空界，發誓願言：願我之母，永脫地獄，畢十三歲，更不墮落惡道，受大罪苦，十方諸佛，慈哀愍我。……若得我母，永離三塗，及斯下賤乃至女人之身。……願我自今日後，百千萬億劫中，應有世界所有地獄及三惡道，諸罪苦衆生，誓願救拔，令離地獄惡趣畜生餓鬼等。如是罪報等人，盡成佛竟，我然後方成正覺。發誓願已，又聞清淨蓮華目如來告曰：汝大慈悲，善能爲母發如是大願。吾觀汝母十三歲畢，捨此報已，生爲梵志，壽年百歲。過是報後，當生無憂國土，壽命不可計劫，後成佛果，廣度人天，數如恒河沙——所謂光目女者，即地藏菩薩是也。

我爲什麼要把這段很長的經文引出，就是要使人們瞭解地藏不特爲菩薩中的大菩薩，並且爲人世間最大的孝子，也可說爲孝子中的模範。特別在今日無父無母邪說猖狂的社會，富有倫理道德思想的經典，値得奉行：也是挽救民族正氣的根本，所以不厭煩勞把它引證。可以知道地藏菩薩在往昔因中，固爲救母，神遊地獄，親自看到地獄裏受苦衆生的慘狀，故發願度盡地獄衆生，然後方成正覺。可見修學佛法的人，念經拜佛固然爲修行，孝敬父母師長亦復是菩薩道，是故學佛的人，首先要能孝敬父母。至於一般人對於佛法所發生的懷疑，即如供養佛菩薩像，及人死之後念經超度有無功德，乃至有無天堂地獄的果報，於此都可以獲得正確的解答。

三、地藏菩薩對於人天的利益

諸大菩薩雖以救度衆生爲本願，但各大菩薩願力神通都有不同，一般人所知道的祇是觀世音菩薩於娑婆世界有大因緣。「若天若龍，若男若女，若神若鬼，乃至六道罪苦衆生，聞汝名者，見汝形者，戀慕汝者，讚歎汝者，是諸衆生，於無上道，必不退轉」——見聞利益品。所以我們這個世界，無論男女老幼莫不知道觀世音菩薩的名號。可是地藏菩薩於娑婆世界衆生，亦有特別不可思議的因緣，由於菩薩具大慈悲，憐愍罪苦衆生，於千萬億世界，化千萬億身，度生功德實不可思議。不特於現在世，並於未來世界，不獨於人世間，並於他道衆生，尤其是地獄衆生，皆隨所願，滿其所求。是故地藏菩薩隨機救度衆生的事蹟，實非筆墨所能形容於萬一，今就最顯著者，分別敍述於次：

甲、人天福利

一、十惡者獲益　地藏菩薩大願平等，不特善人要度，即是惡人亦復要度，是故十惡業的衆生，若能恭敬供養地藏菩薩亦能得度。如業感品說：「未來世中，若有男子女人，不行善者，行惡者，乃至不信因果者，邪淫妄語者，兩舌惡口者，毀謗大乘者，如是諸業衆生，必墮惡趣。若遇善知識，勸令一彈指間，歸依地藏菩薩，是諸衆生，即得解脫三惡道報。若能志心歸敬及瞻禮讚歎，香華衣服，種種珍寶，或復飲食，如是奉事者，未來百千萬億劫中，常在諸天，受勝妙樂。若天福盡，下生人間，猶百千劫，常爲帝王，能憶宿命，因果本末」。修淨土的人，因彌陀淨土准許帶業往生，說爲殊勝事。今地藏菩薩亦准許十惡業者得度，可見諸佛菩薩在救度衆生方面，並無優劣的分別。

二、瞻禮者獲益　修學佛法的人，首先要能恭敬三寶，於一切佛菩薩像前都應敬禮。地藏菩薩於娑婆世界有特別因緣，故對地藏菩薩像前尤應敬禮。或誦地藏菩薩本願經，或持地藏菩薩名號，或合掌讚歎，作禮，都有無量功德。如讚歎品說：「未來世中，若有善男子，善女人，聞是地藏菩薩摩訶薩名者，或合掌者，讚歎者，作禮者，戀慕者，是人超越三十劫罪，……或彩畫形像，或土石膠漆，金銀銅鐵，作此菩薩，一瞻一禮者，是人百返生於三十三天，永不墮於惡道。假如天福盡故，下生人間，猶爲國王，不失大利」。彌陀淨土有說：念佛一聲能超八十一劫生死重罪，今念地藏菩薩名，或瞻禮，即能超越三十劫罪，可見念地藏菩薩與念阿彌陀佛有相等的功德。祗要一瞻一禮，即能百返生於三十三天，合掌讚歎即能超越三十劫罪。世間還有一法能勝於佛法歟！

三、歌詠者獲益　大乘十法行中，本有讀誦讚歎，是修學佛法者應行的法門。譬如佛讚，即是頌讚佛功德，此與修持其他布施持戒有同等的功德。如讚歎品說：「若有善男子善女人，能對菩薩像前，作諸伎樂，及歌詠讚歎，乃至勸一人多人，如是等輩，及未來世，常得百千鬼神，日夜衛護，不令惡事，輒聞其耳，何況親受諸橫」？歌詠伎樂，本屬於娛樂，要是以誠敬心，用來讚頌佛菩薩，即獲得無量功德，永不受橫報。

四、婦女者獲益　男女之相，本屬業報。在諸法實相上，並無男女的分別。祇是人類社會偏於重男輕女，故構成婦女厭女羨男的思想。地藏菩薩爲滿足一切衆生願望，或轉女爲男，或轉醜陋爲美麗。如讚歎品說：「若有女人，厭女人身，盡心供養地藏菩薩畫像……盡此一報女身，百千萬劫，更不生有女人世界，何況復受。……若有女人，厭是醜陋多疾病者，但於地藏像前，志心瞻禮，食頃之間，是人千萬劫中，所受生身，相貌圓滿」。由此，婦女誠心供養地藏菩薩，即獲得兩種利益：一是使女人再不生女人世界，一是轉醜陋爲美麗。要是不厭女人身者，於百千萬億生中常爲王女，諸相圓滿。

五、懺悔者獲益　所謂懺悔，即是誠意反省自責悔過的意思，並且把自己內心中有所厭離及希求的願望，完全坦白在佛菩薩像前披露懺悔，此爲純潔精神改過自新的作用，能使人精神上獲得無量安慰。如讚歎品說：「未來世中，有諸下賤等人，或奴或婢，乃至諸不自由之人，覺知宿業。要懺悔者，志心瞻禮地藏王菩薩形像，乃至一七日中，念菩薩名，可滿萬徧。如是等人，盡此報後，千萬生中，常生尊貴，更不經三惡道苦」。由菩薩的悲願，使賤者爲貴，不自由者得享自由，是故諸佛菩薩救度衆生，有求必應。

六、疾病者獲益　佛爲無上醫王，能治衆生一切病苦。設有久處病牀的人，陷於求生不可，求死不能的狀態，果能對諸佛菩薩像前，高聲轉讀地藏經一遍，或取病人物件在病人前，高聲大叫「爲是病人，對經像前，捨諸等物，或供養經像，或造佛菩薩形像，或造塔寺，或燃油燈，或施常住，如是三白病人，遣令聞知。「是人若是業報，合受重病者，承斯功德，尋即除愈，壽命增益。（利益品）假令諸識分散，至氣盡者，……是人命終之後，宿殃重罪，至于五無間罪，永得解脫」——如來讚歎品。一般人祇知求現前利益，不知死後痛苦尤重於現前病苦。現前的病苦，醫藥調養可以免除一時的苦痛，但不能獨除人的宿業，所謂祇能醫病不能醫命。於佛菩薩像前，或燃油燈，或布施塔廟，或誠意懺悔，既能解除病魔的纏繞，並能使死者永脫輪廻的痛苦。

七、生產者獲益　一般無知識的人，以爲念經專爲超度死人的，就不知念經於活人也有很大的利益。不特消除罪障要念經，就是生產子女也要念經。所以本經說：「有新產者，或男或女，七日之中，早讀誦此不可思議經典，更爲念菩薩名，可滿萬徧，是新生子或男或女，宿有殃報，便得解脫，安樂易養，壽命增長」——讚歎品。可見佛法有益於家庭婦女者尤爲重要。

八、愚痴者獲益　人的根機有利鈍，智慧有淺深，同樣的一個人，有的絕頂聰敏，有的愚癡魯鈍。論其原因，就是各人的宿業不同，要求聰明智慧，首先要誠意懺悔宿業，如本經說：「若未來世，善男子，善女人，於大乘經典，深生珍重，發不思議心，欲讀欲誦，縱遇明師，教視令熟，旋得旋忘，動經年月，不能讀誦。是善男子等，有宿業障，未得消除，故於大乘經典，無讀誦性。如是之人，聞地藏菩薩名，見地藏菩薩像，具以本心，恭敬陳白，更以香華供養，衣服飲食一切玩具，供養菩薩。以淨水一盞，經一日一夜，安菩薩前，然後合掌請服。迴首向南，臨入口時，至心鄭重。服水既畢，愼五辛酒肉，邪婬妄語，及諸殺害。一七日或三七日，即獲聰明。應是經典，一歷耳根，即當永記，更不忘失一句一偈」——見聞利益品。展誦此經，不特能使病者可愈，並能消除宿業，增長智慧。佛法有益於人群，難可思議。

九、十齋日獲益　誦經念佛，固然爲善行。但在家衆限於家庭及社會事業不能終日修持，當以十齋日最爲有利。因爲十齋日爲天使巡視人間的善惡，定其輕重的時期。而人們擧止動念無不是業無不是罪，何況恣情殺害竊盜邪淫妄語百千罪狀？本經說：「若有善男子善女人，於十齋日對佛菩薩，諸賢聖像前，讀是經一偏，東西南北，百由旬內，無諸災難……乃至聞是經三字五字，或一偈一句者，當此居家，若長若幼，現在未來，百千歲中，永離惡趣，無諸橫病」。此是地藏菩薩爲在家衆擇定的修持日，是故本經爲適合家庭修持主要的課門。

十、家庭水火不侵　前面所說的，就一般持誦瞻禮，戀慕方面。現在專就家庭供養說：修學佛法的人，不特於寺塔禮拜佛像，並且要於家庭中供養佛像，成立佛堂。個人修持固然便利，亦復能降諸吉祥。如地神護法品說：「我觀未來世及現在衆生，於所住處，……作地藏形像，燒香供養，瞻禮讚歎，是人居處，即得十種利益：一者土地豐穰。二者家宅永安。三者先亡生天。四者現存益壽。五者所求遂意。六者無水火災。七者虛耗辟除。八者杜絕惡夢。九者出入神護。十者多遇聖因。」在人天品，說有二十八種利益。可見家庭中供養佛菩薩像，不特個人現前得益，杜絕惡夢，水火不侵。並且先亡生天，竟有如此利益。

十一、家庭衣食豐富　家庭設供佛堂，供養佛菩薩像，既可消諸災難，又能使家庭安樂衣食豐富。如本經說：「若未來世，有諸人等，衣食不足，求者乖願，或多疾病，或多凶衰，家宅不安，眷屬分散，或諸橫事，多來忤身，睡夢之間，多有驚怖。如是人等，聞地藏名，見地藏形，至心恭敬，念滿萬徧，是諸不如意事，漸漸消滅。即得安樂」——見聞利益品。家庭夫婦果然同以誦經拜佛修德，必咸祥和，獲諸善報。何況人之所爲，多在有形，諸佛菩薩護祐一切有情在於無形耳。

十二、臨命終時獲益　生前持誦本經，既使現前增長智慧，又能利益六道衆生，即於臨命終時，得聞地藏菩薩名，一經入耳即有無量功德利益。如見聞利益品說：「若未來現在諸世界中，六道衆生，臨命終時，得聞地藏菩薩名，一聲歷耳根者，是諸衆生，永不歷三惡道苦，何況臨命終時，父母眷屬，將是命終人，舍宅財物，寶貝衣服，塑畫畫地藏形像。或使病人，未終之時，眼耳見聞……是人若是業報，合受重病者，承斯功德，尋即除愈，壽命增益。……是人若是業報命盡，應有一切罪障業障，合墮惡趣者，承斯功德，命終之後，即生人天，受勝妙樂，一切罪障，悉皆消除。」明確的說，聞地藏菩薩名，或病或死，均有無量利益，究其原因，就是一切現象，多由心造。業報罪障，是心地黑暗的表現，臨命終人，業報現前，良心發現，意欲改悔，故一聞地藏菩薩名，心地頓然光明，故能消滅業障。如一燈能破千年黑暗。

十三、夢見先亡眷屬　修學佛法的人，各有願心不同，有的爲消災而吃素，有的爲求福而念佛，有的爲求子而誦經，甚至有的爲追憶久亡父母兄弟姊妹發願念經。若有這類衆生，地藏菩薩也能滿足他的願心。如見聞利益品說：「若未來世，有男子女人，或乳哺時，或三歲五歲十歲已下，亡失父母，乃及亡失父母兄弟姊妹，是人年既長大，思憶父母，及諸眷屬，不知落在何趣，生何天中？是人若塑畫地藏菩薩形像，乃至聞名，一瞻一禮，一日至七日……是人眷屬，假因業故，墮惡趣者，計當劫數，……承斯功德，尋即解脫，轉增聖因，受無量樂。……當得菩薩現無邊身，具告是人，眷屬生界。或於夢中，菩薩現大神力，親領是人，於諸世界，見諸眷屬。」地藏菩薩悲願無窮，誠求皆應，有如此者。

十四、存亡咸得其利　念經超度亡人，不僅有利亡者，而存者獲益尤多。如利益存亡品說：「未來現在諸衆生等，臨命終日，得聞一佛名，一菩薩名，不問有罪無罪悉得解脫。若有男子女人，在生不修善因，多造衆罪，命終之後，眷屬小大，爲造福利，一切聖事，七分之中，而乃得一，六分功德，生者自利。以是之故，未來現在善男女等，聞見自修，分分已獲。」念經超度亡者，雖然有利益，但所得者少。而人死之後，七七日內，「如痴如聾，或在諸司辯論業果，審定之後，据業受生。……是命終人，未得受生，在七七日內，念念之間，望諸骨肉眷屬，與造福力救拔，過是日後，隨業受報。若是罪人，動經千百歲中，無解脫日，若是五無間罪，墮大地獄，千劫萬劫，永受罪苦。……閻浮衆生，若能爲其父母乃至眷屬，命終之後，設齋供養，志心勤懇，如是之人，存亡獲利。」是故人死之後，人間孝子賢孫固應念經超度，存亡皆有不可思議功德。倘能生前，自淨其意，誠願自修，所得利益尤大。

十五、天人永不退墮　地藏菩薩爲六道衆生，化百千萬億形說法度生。故不獨人類衆生聞地藏名而獲益，即天人一瞻一禮亦獲無量利益。如見聞利益品說：「未來現在諸世界中，有天人受天福盡，有五衰相現，或有墮於惡道之者，如是天人，若男若女，當現相時，或見地藏菩薩形像，或聞地藏菩薩名，一瞻一禮，是諸天人，轉增天福，受大快樂，永不墮三惡道報。」六道循環，天福本有盡的時期。故有五衰相現前，倘天人能瞻禮地藏菩薩形像，或持地藏菩薩名，即能「永不退墮三惡道」。可見菩薩悲願恩德深切，而普及於六道衆生。

十六、毀謗者必受苦　對於恭敬讀誦地藏經，或瞻禮地藏菩薩，或聞地藏名，見地藏形，固有不可思議的功德諸如前說。假使不信三寶，毀謗誦經的人，或謗無功德者，亦有不可思議的罪過。如本經說：「若有惡人，見善男子善女人，歸敬供養，讚歎瞻禮地藏菩薩形像，或妄生譏毀，謗無功德。……如是之人，賢劫千佛滅度，譏毀之報，尚在阿鼻地獄。」——如來讚歎品。由於菩薩於娑婆世界衆生有大因緣，故有如是不可思議的利益。妄生毀謗，阻礙他人向善之心，自亦有不可思議的罪過。

乙、釋諸疑難

前面己經說過，地藏菩薩本願功德，以千百億化身，救度六道衆生，以種種形，種種法，使一切衆生都能見地藏菩薩形像，或聞地藏菩薩名，一瞻一禮，或持誦地藏經一句一偈，乃至三字五字，都有無量不可思議功德，不獨生者如斯，即死者亦復如斯，故地藏菩薩悲願無窮。或有問曰：地藏菩薩既有如此廣大神通悲願救度衆生，何以至今未能度盡一切衆生？這在本經中亦有明確的解釋。

一、地藏菩薩何以不能度盡衆生？今分三點說明：

第一、由於閻浮提衆生剛强難化，釋迦如來也說過：「吾於五濁惡世，教化如是剛强衆生，令心調伏，捨邪歸正，十有一二尚惡習在。吾亦分身千百億，廣設方便，或有利根，聞即信受，或有善果，勤勸成就，或有暗鈍，久化方歸，或有業重，不生敬仰，如是等輩衆生，各各差別，分身度脫。或現男子身，或現女人身，或現天龍身，……而以化度，非但佛身，獨現其前。吾累劫勤苦，度脫如是等難化剛强罪苦衆生，其有未調伏者，隨業報應……汝當憶念，吾在忉利天宮，慇懃付囑……悉便解脫」——集會品。釋迦如來究竟圓滿正覺，經無數劫，現種種身，猶未能盡度一切衆生，何況地藏爲十地菩薩，雖悲願無窮，但衆生罪重，剛强難化，重復造業，又怎能度盡呢？

第二、由於地藏菩薩悲願無窮，故衆生無盡。如利益存亡品說：「我觀是閻浮衆生，擧心動念，無非是罪，脫獲善利，多退初心。若遇惡緣，念念增益。」業感品說：「一切衆生未解脫者，性識無定，惡習結業，善習結果，爲善爲惡，逐境而生，輪轉五道，暫無休息。」所以地藏菩薩，經無量劫來度脫衆生，猶未能盡。以閻浮提衆生，信念不堅。菩薩慈愍，既觀現世罪苦衆生，復觀未來無量劫中，因蔓不斷，以是之故，又發重願。如是菩薩，於娑婆世界，閻浮提中，百千萬億方便，而爲教化。是故地藏菩薩不僅欲度現世衆生，並欲度未來世衆生，菩薩累劫重願，永無盡期。佛說：「汝既畢是往願，累劫重誓，廣度罪輩，吾復何慮。」——業感品。佛陀慈悲，以救度衆生爲懷，但因地藏菩薩累劫重誓，衆生有託，故佛陀不慮罪苦衆生無人得救。由於衆生業報無盡，動經劫數，無有出期。（業感品）故地藏菩薩雖悲願無窮，衆生因善惡業，永無止期，故亦無盡。

第三、地藏菩薩雖有不可思議神通妙用，救度衆生，但衆生不依止善道修行，怎能解脫？南閻浮提衆生，剛强難化，菩薩於百千萬億劫，頭頭救拔，遣悟宿世，早令解脫。可是閻浮提衆生，「結惡習重，旋出旋入，勞斯菩薩，久經劫數，而作度脫」。——閻羅王衆讚歎品。譬如有人迷失本家，誤入險道，幾喪生命，幸遇善知識而語之言：咄哉男子，爲何事故，而入此路，是時迷人，忽聞此語，方知險道，即便退步，求出此路。是善知識，提攜接手，引出險道，免諸惡毒。善知識臨別時，並再三叮囑：自今以後，勿履是道，此路入者，必損性命。是迷路人，亦生感重。孰知後來，又誤入險道，喪失性命。地藏菩薩方便力故，救諸惡趣衆生，使令解脫，生人天中，旋又再入，若業結重，永處地獄，無解脫期——閻羅王讚歎品。由於有情愚癡無智，雖經大善知識開導，但又作業，菩薩焉能度盡？俗說：佛法廣大，難度不信之人。是故衆生不能度盡，非菩薩願力神通之不徧，乃衆生結習深重不斷耳。

二、病中何以會感痛苦？　愚痴的人，以爲久臥病床，或病中叫苦，或夢見惡鬼，說是觸犯邪神，實是錯誤觀念。如本經說：「若未來世，有男子女人，久處牀枕，求生求死，了不可得，或夜夢惡鬼，乃及家親，或遊險道，或多魘寐，共鬼神遊。日月歲深。轉復尩瘵，眠中叫苦，慘悽不樂者，此皆是業道論對，未定輕重，或難捨壽，或不得愈，男女俗眼，不辨是事」——如來讚歎品。要有這種病狀，家屬要在諸佛菩薩像前，高聲轉讀地藏經一徧，或取病人可愛物件，爲病人布施。是人承此功德，或得病愈，若命終之後，宿殃重罪，永得解脫。

三、夢中何以會見鬼神？ 夢境雖屬是一種幻想，然於人心理上影響很大，甚至與生前或身後或現在都有關係。倘若以此求教於命相占卜，或請人解釋都屬於迷信的猜想。唯有佛法解釋最爲正確。本經說：「或夢或寐，見諸鬼神，乃及諸形，或悲或啼，或愁或歎，或恐或怖，此皆是一生，十生，百生，千生，過去父母，男女弟妹，夫妻眷屬，在於惡趣，未得出離，無處希望福力救拔。當告宿世骨肉，使作方便，願離惡道。」——如來讚歎品。由此可知夢見鬼神，乃宿世父母及諸眷屬，在惡趣中一種證明。故誦經念佛，不特個人消除業障增長智慧，在冥冥中，並能使宿世父母及諸眷屬獲得解脫的機會。

四、人死何以要超度？ 一般智慧淺薄的人，以爲人死，等於燈滅，旣無影無形，又有什麼六道輪廻？又何必要念經超度呢？念經超度或者屬於迷信吧？這實是一種錯誤說法。本經說：(一)若有男子女人，在生不修善因，多造衆罪，命終之後，眷屬小大，爲造福利，一切聖事，七分之中，而乃獲一。……（二）若能更爲身死之後，七七日內，廣造衆善，能使是諸衆生，永離惡趣，得生人天，受勝妙樂。（三）是命終人，未得受生，在七七日內，念念之間，望諸骨肉眷屬，與造福力救拔，過是日後，隨業受報，若是罪人，動經千百歲中，無解脫日——利益存亡品。由此可知，念經超度亡者乃一種最合理的功德，也是人倫中應有的一種孝道。但念經最要者在死後七七日內，在此時期內，死者如癡如聾，正在審定業報，未測之間，千萬愁苦。這時骨肉眷屬與造福力拔救，必獲超昇利益。念經超度不僅死者獲益，即生者亦復有益，並且所得功德較死者為多，倘死者生前自知念佛修行，所有功德分分自得。

四、人間地獄的苦狀及其解脫行

甲、地獄苦狀　佛說的六道輪廻都在人間，祇是六道衆生各有其業力不能互見。人雖能看見畜類，但不能了知其宿業，其他若天道餓鬼更非人所能見。唯有佛菩薩百千萬億化身，恒於六道，救度衆生，故深知一切罪苦衆生受報處所。地藏菩薩為令未來現在一切衆生，聞說地獄名號，發願歸依三寶，懺悔三業，轉生善處。故說無間地獄，飛刀地獄，火箭地獄，夾山地獄，乃至拔舌，取心，鑊湯，銅柱，啗眼，鐵丸，剉首，火山，火石，剝皮，倒刺，燒手，燒脚，烊銅等地獄名稱。其名稱雖不一，無非是銅是鐵，是石是火，此四種物，衆業所感。若廣說地獄罪報苦狀，一一獄中，都有百千萬種苦楚，何況多種地獄？由於地獄衆多，故罪苦不一。但一切苦報，並非由神力或上帝的處罰，乃由「行惡衆生，業感如是，業力甚大，能敵須彌，能深巨海，能障聖道。是故衆生，莫輕小惡，以爲無罪，死後有報，纖毫受之，父子至親，岐路各別，縱然相逢，無肯代受」——地獄名號品。由此可知衆生業力不可思議，故所受地獄罪苦亦復不一，雖父子至親尚不能代受、何況其他？可見上帝赦免罪惡的說法，全是欺騙一般愚癡人民的。

要說明地獄苦狀，也不需要離開人間，或仗佛菩薩神通妙力始能窺見地獄的苦狀。僅就字面說：所謂地獄，並不一定要在地底下，或在他方。即如人世間火山崩裂，或地震土崩，人民墮落陷坑，其苦狀頗與地獄相似，這證明地獄的苦狀，並不一定要到鐵圍山內，即在人世間。今日西伯利亞的集中營，勞働營，奴役一切人民，把佛說的寒冰地獄種種的苦楚都包括殆盡。中共二十一條反鎮壓，三反，五反的運動。以及土改清算鬬爭，迫害人民求生不能，求死不得，種種殘暴，以及韓國的戰爭所施的人海戰，火海戰，都己超過地獄的苦楚。擴而大之，人世間一切衆生短命，醜陋，貧窮，下賤，愚痴，盲聾，瘖瘂，五體不全，天災人禍，驚狂喪命，無不是地獄苦狀的證件。這一切現狀都是一切衆生，身，口，意，行無量劫來惡業結果，百千報應。

所謂無間地獄者，就是受苦無有間斷不易解脫的意思。如業感緣品說：「日夜受苦以至劫數，無有間絕，故稱無間。」這種無間受苦的衆生，即使此一世界壞時，亦不能解脫。如本經說：「此界壞時，即寄生他界，他界次壞，轉寄他方，他方壞時，展轉相寄。此界成後，還復而來，無間罪報。其事如是。」這如巨濟島的戰俘，每次鬧事，想脫逃，想叛變，企圖得釋，經管理人把他們分散，或集中，或調換，或遷移，依然在囚籠裏受着無間的罪苦，亦即是無間地獄的現狀。

乙、布施功德　一切罪苦，皆由衆生往昔因中，不作諸善。殺生者感短命報，竊盜者感貧苦報，邪淫者感雀鴿報。如是等一切衆生現前苦狀，皆由宿世業力所感。非是無因無緣，或偶然巧合者。欲求未來解脫，必需身行善，口行善，意行善。一切善因，以布施爲最。布施福利，有輕有重，或一生受福，或十生受福，或百生千生受大福利。這全視布施者心願如何？若以恭敬平等心布施，獲福最大，如本經說：「若遇最下貧窮乃至癃殘瘖瘂，聾痴無目……。欲布施時若能具大慈悲，下心含笑，親手徧布施，或使人施，軟言慰喻，是國王等，所獲福利，如布施百恒河沙佛功德之利」——布施功德緣品。一般布施者於心理往往着於事相，不能平等布施，或有願而施，或爭勝而施，或凌人而施，或畏毀謗而施，如此布施，殊少功德。佛說布施，最要者，要三輪體空，無我無人無物相，或布施先佛塔廟，或發心修補經像，或布施老病，或布施產婦。如本經說：「若一念間，具大慈心，布施醫藥，飲食，臥具，使令安樂，如是福利，最不思議，一百劫中，常爲淨居天主……乃至百千生中，耳不聞苦聲，……若有善男子善女人，遇佛形像，菩薩形像，辟支佛形像，轉輪王形像，布施供養，得無量福。……若遇大乘經典，或聽聞一偈一句，發殷重心，讚歎恭敬，布施供養。是人獲大果報，無量無邊。……於佛法中，所種善根，或布施供養，或修補塔寺，或裝理經典，乃至一毛一塵，一沙一渧，如是善事，但能迴向法界，是人功德，百千生中，受上妙藥」……功德緣品。是故布施獲福輕重，全視布施者心如何？有的人在佛法中修少善根，即心思望報，如不報者，即說佛菩薩無靈驗，或說布施無功德。這種心理的人，即是不理解佛法一生受福，或十生百生千生受福的道理。譬如存款於銀行的人，有的爲活期，有的爲一月，或二月，三月，乃至一年爲期，期間越長，獲利越大。所以修行布施的人，或修其他法門者，最要理解這種道理。

丙、罪由心造 我們這世界的衆生，一擧一動無不是業，無不是罪，爲什麼呢？佛菩薩具大智慧了知一切。愚痴的人們，一擧一動以爲合理，在佛法上說，卻無不是業，無不是罪。現在擧出兩個事實來說明：

一、有病不宜殺生 一般人有了病，都不依正常延請醫生診治，他迷信神教，說是觸犯神鬼，於是殺生祭祀鬼神，求諸魍魎。就不知道人生有病，乃是現前身體上四大不調及往昔因中業力的招感。請醫診治，或可減輕病人一時的痛苦；但絕不能延長病人的壽命，所謂祇能醫病，不能醫命。人在病的時候，應當多方修植善因，怎麼能再造殺業，反而加重病者的業而重增苦痛呢？所以殺生於病者及死者都無利益，祇有使罪緣，轉增深重。假使因病致死的人，生前本有善緣，可以生天；但因臨命終時，被諸眷屬，造諸惡因，反令死者，殃累對辯，晚生善處。這就叫做欲益反損。在世有善因的人，不過因眷屬殺業，延長生天的時期，還不十分受苦。假使在世沒有善根，各據本業，自受惡趣，何忍眷屬，更爲增業。譬如有人從遠方來，「絕糧三日，所負擔物，強過百斤，忽遇鄰人，更附少物，以是之故，轉復困重」——利益存亡品。是故有病殺牲謝神，或死後的殺牲祭祀，都是迷信舉動，絕對要禁止。

二、生子不宜殺生　世間人不問男女，在將生產時，都肯作善，東處燒香，西處培福，以求母子順利。那知生產以後，就大開殺戒，「取諸鮮味，供給產母，及廣聚眷屬，飲酒食肉，歌樂絃管，能令子母，俱不得安。」因爲人以生爲樂，生物亦以生爲樂，所以殺生食噉的舉動，實是罪過無邊。如本經說：「是產難時，有無數惡鬼及魍魎精魅，欲食腥血，是我早令舍宅土地神祇，荷護子母，使令安樂。……如是之人，見安樂故，便合設福，答諸土地，翻爲殺害，聚集眷屬，以是之故，犯殃自受，母子俱損。」——閻羅王讚歎品。所以經上說：閻浮提衆生，舉止動念，無不是罪，無不是業的話。在人的眼光認爲是合理的行爲，在佛菩薩看來，卻在造作無量罪業。因爲佛菩薩具有物我一體的同體大悲，而人祇是以我爲出發點，這兩者心理距離太遠，故所見不同。依佛菩薩的訓示，修學佛法的人，要修植善因，首先要求行為合理化，合乎佛法正確的理解。而後在尋常日用之中，才不致多造罪惡。可惜素食營養不够，和神造畜牲是給予人們享受的邪說，風靡環宇，佛菩薩雖苦口婆心，叫人不要妄造殺業，以長養慈悲，以獲致和祥的眞理，有幾許人能接受呢？

五、釋尊讚歎與諸天護法

甲、釋尊讚歎　地藏菩薩累劫重誓救度衆生的悲願，不獨諸天不能究竟瞭解，即諸大菩薩若文殊，觀音，普賢皆不知地藏菩薩，往劫因中，修何功行？有如此不可思議的神通妙用，能化百千萬億形救度衆生。經佛陀一一解說，諸大菩薩親聞佛陀讚歎地藏菩薩大願功德而後，莫不歎未曾有。釋尊為使未來一切諸大菩薩及天龍鬼神等，廣作方便，維護地藏本願經，故普告諸佛世界，一切諸菩薩摩訶薩及天龍鬼神人非人等。要靜聽釋尊讚揚地藏菩薩於十方世界，現大不可思議威神慈悲妙力。釋尊何以要讚歎地藏菩薩？為利益人天及付囑救生事業耳。於利益人天方面，前章已略略說過。今就囑累救生方面說：諸佛菩薩同以悲願救度衆生為職志，釋尊住世八十年，說法五十年，已度者得度，深以未度者為慮。故釋尊慈深，一面讚歎地藏菩薩累劫重願說．「地藏！地藏！汝之神力不可思議，汝之慈悲不可思議，汝之智慧不可思議，汝之辯才不可思議，正使十方諸佛，讚歎宣說汝之不思議事，千萬劫中，不能得盡」——囑累品。釋尊何以如此慇懃的讚歎呢？分明的，要付囑救度衆生的大事。釋尊深知滅度以後，一直到彌勒下生，在此時間深以一切未度的衆生爲慮，今地藏菩薩既發地獄未空誓不成佛的大願，故將救生大事付囑於他。佛說：「地藏，吾今慇懃，以天人衆，付囑於汝，未來之世若有天人，及善男子善女人，於佛法中，種少善根，一毛一塵，一沙一渧，汝以道力，擁護是人，漸修無上，勿令退失。……若天若人，隨業報應，落在惡處，臨墮趣中，或至門首，是諸衆生，若能念得一佛名，一菩薩名，一句一偈，大乘經典，是諸衆生，汝以神力，方便救拔。」——囑累品。釋尊把未來人天衆生都付囑地藏菩薩，不僅要地藏菩薩救度，並且提出嚴格的條件。（一）即未來世界一切衆生，在佛法中雖種少許善根微同一毛一塵，一沙一渧，也絕不能因他善根微末，不去救護他，應以汝之道力維持他，使他善根漸漸增長，不令退失。（二）在應隨業而生惡趣的衆生，假使臨至門首，有一念同心，念一佛名，念菩薩名，念一句一偈，汝都應以方便現身救度。（三）未出三界一切火宅中的衆生，既經付囑於汝，絕對不可令罪苦衆生墮落惡趣，即使墮落惡趣一日一夜，吾皆不願，何況墮無間地獄？動經千百萬億劫無有出期呢？地藏對釋尊的慈悲，愛護一切衆生，眞如慈母之愛赤子，其既深且切的悲願，實在感切肺腑。於是白佛言：「惟願世尊，不以爲慮，未來世中，若有善男子善女人，於佛法中，一念恭敬，我亦百千方便度脫是人，於生死中速得解脫，何況聞諸善事，念念修行，自然於無上道，永不退轉。」釋尊慈深，地藏的悲切，何等偉大？我們修學佛法的人，倘能於此體察佛陀及地藏菩薩愛護衆生悲心，雖粉骨碎身以報 達佛陀的慈恩，縱經百千萬億劫亦莫能盡。

乙、諸天護法　地藏菩薩的悲願神力妙用，經釋尊讚歎後，諸大菩薩宣頌，釋梵諸天及一切地神鬼神，皆發願護法，擁護修持佛法的人。如堅牢地神白佛言：「我從昔來瞻視頂禮，無量菩薩摩訶薩，……如文殊，普賢，觀音，彌勒，亦化百千身形，度於六道，但其願力尚有畢竟。唯有地藏菩薩誓願深重，於六道敎化一切衆生，所發的誓願劫數如千百億恒河沙」。……於是地神就發願護法。本經又說：「未來世中，若有善男子善女人，於所住處，有此經典及菩薩像，是人更能轉讀經典，供養菩薩，我常日夜，以本神力，衛護是人，乃至水火盜賊，大橫小橫，一切惡事，悉皆消滅。」——地神護法品。「或有男子女人，修毛髮善事，乃至懸一旛一蓋，少香少華，供養佛像，及菩薩像，或轉讀尊經，燒香供養，一句一偈，我等鬼王，敬禮是人，如過去現在未來諸佛，勅諸小鬼，各有大力，及土地分，便令衛護，不令惡事橫事，惡病橫病，乃至不如意事，近於此舍等處，何況入門。——閻羅王衆讚歎品。佛法流傳於世間，一面要有修持的人，一面要有護法的人，六道中護法種類各別，在天而天，在人而人，而人力護法，僅能達到人世間，人以上的天界，就不是人力所能達到，何況地獄鬼畜生？釋梵諸天地神鬼王，以其業力較人力為大，故諸天護法徧於六道。是故修持佛法的人，祇要有一念的眞誠心，就能得到釋梵諸天乃至地神鬼王的護持。而護持功效，乃至水火盜賊，惡病，橫禍，一切惡事，不如意事，都不能入修持佛法者的門，那裏能近其身邊呢？人的行動，出於有形，諸天地神護法，在於無形。有形的力量較小，無形的力量最大。是故修持佛法的人，應時時默禱諸天地神護法及感謝諸佛菩薩的慈悲恩德。

六、本經的特質

本經的要意，前面已略略說過。但綜合它的特質，不外三點：

一、諸大菩薩同以救度衆生為職志，或以大悲，或以大智，或以大行，或以大願，廣度衆生。本經以發揮地藏菩薩大願為主體，地藏為十地菩薩，居菩薩中最高地位，由於菩薩實證諸法空寂相，了知一切法平等無二，故能不畏生死，不樂涅槃，乃發地獄未空誓不成佛的大願。由於菩薩證知三世因果，了知一切衆生無非為吾人過去父母兄弟姊妹眷屬，故以救母的心願，擴大而救度一切衆生。這種博大無比的心願，不獨為學佛者修身所切要，且為安邦立國的根本。今日世間一切政黨主義，都以自我主義為出發點，不能以大我，甚至以愛護父母之心，去愛護人民，故有同室造戈戰爭發生，惱害人民。倘能擴大自我主義，以地藏菩薩平等的大願，了知一切衆生皆爲各人過去父母兄弟姊妹，以孝敬父母的心願，去愛護一切人民，這不獨可遏止一國的戰爭，並能奠定人類永遠的和平。

二、本經雖同屬大乘經典，但不同其他大乘經典，專談深奧的理論，或倡難行能行的菩薩道。由於這個世界人們，擧止動念無非是業，無非是罪。地藏菩薩秉救度衆生的大願，所說法門，均切近家庭社會人事的需要，且爲人人所能行，故能普徧地有益於人生家庭社會。特別是地藏菩薩救母的孝道，頗符合中國固有倫理道德的思想，故本經不獨學佛者所必讀，且爲家庭敎育必要的讀本。在今日不敬祖宗，不愛父母的邪說邪敎毒化下的社會，可說爲補偏救敝的好藥材。尤以今日要復興國家，恢復民族的正氣，首先要復活人倫的道德，安定社會的秩序。是故地藏菩薩不獨爲菩薩中大菩薩，並且爲人間孝子的模範。我們要以地藏菩薩孝母的精神，化導一切不敬父母的邪說，恢復民族的正氣，實爲挽救國家民族根本的敎育。

三、彌陀淨土，乃仗阿彌陀佛願力，故有臨命終時十念念佛卽得往生，作惡業者准許帶業往生，說爲殊勝法門。本經所說利益人天種種功德，亦復仗地藏菩薩本願力，故有一瞻一禮者，能超越三十劫罪，乃至聞是經三字，五字，現前獲諸安樂，一切災難，悉皆消滅。彌陀淨土遠在西方，地藏菩薩欲淨化娑婆世界的衆生，要人人消除罪業，說此易行法門，故本經頗適合倡導人間淨土的根機。在絕對仗他力之下，經中所說種種靈驗，如保護生產，防止罪惡等等，雖不能肯定的說，其效如神。但佛陀說法，旨在引誘人心，入於正軌，其他一切都是附屬的條件。我們果有眞切的信仰，至誠懇求，用清淨心去力行，這所說感應無有不驗。何況佛是眞語者，實語者，不誑語者！

本書，以時間匆促，倘有文字上，或立意方面，有未檢討到的地方，尚望讀者指敎！

願以此功德　普及於一切

我等與衆生　皆共成佛道

地藏菩薩本願經白話解釋序

乙巳九月余來峙山居金仙寺翌日宅梵居士過談贈彼所作五言古詩一卷余謂其能娛美陶王求諸當世未之有也是歲十月天台靜權法師蒞寺講地藏菩薩本願經義余以本願章疏惟有科注一部淵文奧理未契初機乃勸宅梵撰白話解而為鈐鍵逮于明年全編成就乞求禾中古農長者以刪正之爾將付刊請書序言為述昔日斯事因緣以示後之學者

於時後二十二年歲次癸酉二月賢首院沙門勝臂

地藏本願經白話解釋校刊序

古農

釋迦世尊。化道將圓。爲報母恩。特往忉利說法。以是因緣。更召地藏大士。以未來衆生殷勤付囑。令其化度。良以一切衆生是菩薩過去父母。世尊是已成佛之菩薩。地藏是未成佛之菩薩。同以慈悲心。孝順心。願令究竟度脫。而今我等亦在化度之列。奈以剛強難化之故。屢勞世尊地藏設諸方便。委曲指導。猶復旋出旋入。依然具縛凡夫。辜負宏恩。罪戾安逭。我讀地藏大士本願經而未嘗不感激涕零。慚悚無地也。胡宅梵居士亦曾以是經爲功課。熟讀深思。欲以世尊地藏之心。揭示衆生。令諸衆生深解此經義趣。得以共沐宏恩。爰依弘一法師之請。爲之白話解釋。更以其稿寄示。囑爲校閱。復函述意趣三點。一者。欲使閱者對於經文意義得充分之明瞭。故不憚重複演說。二者。以警惡勸善。離苦得樂爲原則。三者。用開導方法。務使閱者起信。當時思想集中於此三點。其他未及顧慮。解釋混淆。或未能免云云。農展讀一過。歡喜讚歎。得未曾有。對於經題品題之解文有未妥處。輒易己意。其餘但在字句間稍稍斟酌。未敢有損胡居士之意趣也。校閱既畢。將遵付上海佛學書局刊行。因弁數語。以敍因緣。世之讀此書而能深解義趣。則必能發懺悔心。供養心。而爲諸神聖之所擁護。其於我佛大士化度之宏恩。必獲同沾於無盡矣。其庶不負胡居士之一片苦心也夫。

民國二十二年孟春之月范古農序於嘉興月河之幻廬

地藏菩薩本願經白話解釋自序

這可是我的幸運麼。在一個木葉黃落的殘秋。與我素所戀慕的弘一大師相見在白洋湖濱金仙寺。大師是不大肯接見人的。經了亦幻上人的介紹。才得和他認識。初見他的時候。見他持戒的嚴律。和清癯的慈容。不禁油然興敬之復惜之之感。回首一想他所以甘心行着這樣的苦行。不是爲的想早成佛果普濟衆生嗎。這樣一想。自恨當時未能立刻就跪在他的跟前懺悔讚歎。禮拜。從此以後。我曾去看他好幾次。有一次。我去見他。他拿了一本彌陀經白話解贈給我。我不覺驚訝的說。『啊。彌陀經白話解已經有了嗎。」他說。「這是王涵之居士著的。很精湛。我也時常要看的。」我又說。「這我本來也想要替他做白話解的。現在竟給王居士先做了。那到也好。」他聽我如此說。便道。「這樣罷。你要做就把一部地藏菩薩本願經去解釋罷。」我說。「恐怕很深奧的。」他說。「不要緊。你照字義去解釋就是了。也不必用什麼新文藝體裁。是預備給工商界人看的。用最淺近通俗的白話去解釋罷。也不要多。越簡單越好。」一時我就很歡喜的答應下來。就依着大師所指示的目標開始工作了。

我因爲對於佛學從未研究過。所以於未着手做這部白話解以前。自不能不經過一番很辛苦的研閱和探討。取材與參攷書是科注和演孝疏二種。自庚午十月至辛未正月上浣。把最困難的第一品總算釋成功了。第二品入手。忽感到世事無常。一氣不回。這本經就釋不成了。於是發誓奮勇從事。日不足繼之以夜。至三月廿三日止。把十二品完全釋成了。在這窮搜極想之間。彷彿似有悟入。然而這書是預備喚醒初機的。所以不敢把高遠的理想盡量的發揮。但既依照字面解釋。也仍舊都采譯原注經文。又須保留原譯經句的章法。所以這裏文句也許有不白然的地方。然而遇到有經注祕晦不顯。原譯句過於不暢達之處。祇好略參私意。使他明暢。好在這也是很少很少的。還有上面解過了的。下面也不再重解。閱者不明白的地方。請檢前注就得。若是處處用注見前。或是見前注等字樣。不但作者不便。恐怕閱者感到很惹厭的罷。

這部經雖然是三根普被。然而重要一著就是改良人心。改良人心的工具是什麼。

那不能不說是因果報應。因爲這一本經是完全著重因果報應的。所以我很希望本經能普遍流通。至於家絃戶誦。假使把人人的心改良了。和平的社會。和平的世界。與平等大同主義也自然會實現了。更用不着口是心非陽奉陰違的一般人物紛紛擾擾的去口頭宣傳。所以述者要老實說一句。無論那一個偉大人物。要建設和平大同的社會和世界。必先切實的建設在人的良心上。纔是根本的建設。否則。等於庸人自擾。爲什麼呢。因爲世界大地是完全由於人心業報所造成的呀。還有修淨土的應該注重這部經解。因爲阿彌陀經上說。念佛七日一心不亂。阿彌陀佛來接引你。這是容易的事麼。不要說七日。就是七小時之間要一心不亂。恐怕也辦不到。倘若臨終時心念一亂。神識就墮入幽冥界裏。這時不仗地藏菩薩的大威神力來把你送到西方。還有什麼地方去求救呢。所以念佛的人平時也不可以疏忽這部經的。

地藏菩薩本願經白話解釋

宅梵胡維銓演述

嘉興范古農居士校正
賢首院弘一法師鑒定

地藏菩薩本願經

解、這是書的題目。就是說。讚述地藏菩薩的本有願行的一部經典。

釋這部經的題目。佛自己說有三種。一個叫地藏本願。一個叫地藏本行。一個叫地藏本誓力。現在卽用他第一個爲經題。地藏菩薩。是一個出世聖人的名字。菩薩是個通名。地藏是個專名。菩薩二字。梵文叫菩提薩埵。菩提是覺悟的意思。薩埵是衆生的意思。合起來說。就是覺悟的衆生。或是覺悟衆生的人。叫做菩薩。菩薩的專名。都是隨菩薩的德行而題的。這位菩薩叫做地藏。也是他的德行。有合乎地藏二字的意義。今且分別說來。地就是土地。萬物都依住地的上面。又地能生長草木的根芽。這位菩薩有廣大的慈悲。一切衆生都要靠他救護的。衆生的善根。都要靠他生長的。好象土地一般。所以叫做地藏。藏就是寶藏。財寶足以救濟人的貧苦。圓滿人的事業。這位菩薩有無量的法財。布施一般苦惱衆生。且使他們都能修行成就。好象寶藏一樣。所以叫做藏。這一番的解釋。地藏二字。是譬喻菩薩的道德。再因這位菩薩。看見地獄衆生的苦。發心學佛。已證得如來藏性（衆生和佛平等的本性）（所以救拔地獄衆生。是他的特別本領。所以叫做地藏。再因這位菩薩。修地大圓通。證如來藏性。如持地菩薩。故菩薩來時。會中衆生都覺身重難舉。因身中的地大。）（皮肉筋骨毛髮爪牙屬地大） 受菩薩的影響。增強的緣故。所以叫地藏。這第二第三番的解釋。地藏二字。都是表顯菩薩的行爲。總而言之。這位有地藏德行的菩薩。所以叫做地藏菩薩。本願二字。是說菩薩所發的願。這個願。是從他初發心來。常常所發的。直到現在。依然這樣的發。並不是現在才發的。所以叫做本願。又這個願。是他多生的菩薩行爲所依據的。有這個願。才有他的行。願是行的根本。所以叫做本願。這樣看來。這個本字。有本來和根本的兩個解釋了。經的一字。是世間聖人的訓典。此書是佛菩薩的訓典。佛菩薩是出世的聖人。所以也要稱他爲經。梵文本來叫修多羅。這梵文的意思。直譯起來。就是一個綫字。有貫穿文義的意思。正同我們華文的經緯的經字相仿。文譯起來。那是契經兩字的意思。契是契合的解釋。因出世聖人的訓典。是一種合乎道理。合乎人情的說話。所以叫做契經。

唐于闐國三藏沙門實叉難陀譯

解、這部經。是唐朝時候。從于闐國裏的三藏沙門。名叫實叉難陀。送到中國。翻譯出來的。

釋、唐。是李淵有天下的國號。因爲李淵先在晉陽。晉陽是陶唐氏的舊都。所以封爲唐王。到了受隋禪以後。統一天下。就稱唐朝。其時到今。已約有一千三百年了。于闐是西域的國名。他的字義叫做地乳。因他的國祖。飲地上湧出來的乳而生長的。他的地點。在現今新疆的天山南路。三藏沙門。是譯經師。（翻譯經典的法師）的道號。三藏是佛教經典的總稱。佛教經典。共有三大集。叫做經藏律藏論藏。經藏是佛說法的記錄。律藏是佛教的禁令規則和解釋的書。論藏是佛和弟子討論教義的記錄。因這三大集的經典。形式上是包含許多的卷帙。實質上是包含許多的道理。所以叫做藏。沙門是出家修道人的通稱。是勤息二字的意。因其有精勤修道息滅煩惱的工夫。這個沙門。是通達三藏經典的。所以叫做、三藏沙門。實叉難陁。是學喜二字的解釋。是譯經師的名字。唐朝武后聖曆二年。于闐國王聞武后喜歡佛法。敬重經典。所以差沙門實叉難陁。把華嚴經同這部地藏經一齊送到中國來。武后受了這部經。就命這位沙門翻譯。成了華文。是這部地藏經出世的因緣。

忉利天宮神通品第一

解、佛在忉利天的天宮裏。顯起神通。來召集會衆。這是本經的第一品。品是經文段落的名稱。

釋、在我們的頭上。第一重是四天王天。在須彌山的半腰。第二重就是忉利天。在須彌山的山巔。通俗都叫他做三十三天的。這忉利天的天王。名叫釋提桓因。也叫帝釋。他從前本是一個平常的女人。這時候有一尊迦葉佛寂滅了。他便發起願心。造一座塔來供養迦葉佛。還有三十二個女人。也發起心來。大家幫助他來造成功。有了這一種善根。他得做忉利天王。那忉利天的四邊。每邊有八天。總共三十二天。各天的天王。就是那幫助造塔的三十二個女子做的。這也可知道造塔造菴的功德是很大的。可得着這種好報應。天宮是帝釋居的地方。在忉利善見城。城的周圍四萬十千由旬。（每由旬四十里）純是黃金造成的。城的四面。都是千門樓。城的中央還有一重金城。有五百道城門。門都用着種種寶貝莊嚴的。這寶貝名目的繁多及美麗。說也說不盡的。這金城的中央。還有寶樓重閣。長五百由旬。廣二百五十由旬。重閣最上的中央。還有圓室。廣三十由旬。周圍九十由旬。高四十由旬。就是帝釋所住的地方了。並且這重閣都用琉璃衆寶造成的。所以佛就在這裏昇了坐。替聖母說法。佛經上說。神的名稱叫天心。通的名稱叫慧性。佛具着天心和慧性。放出各種照澈無礙的光明來。這就是神通了。

如是我聞。一時佛在忉利天。爲母說法。

解、像這樣的話。我親自聽見佛說的。有一個時間。佛在忉利天。專爲他的母親來說佛法。

釋、佛就是釋迦牟尼佛。把釋迦牟尼四字。譯作中文。卽是能仁寂默。他的意義。就是說佛又能幹。又慈悲。還能夠寂靜不動。很沉默的符合本性。從前在佛（以後佛字都指定釋迦牟尼佛的）說法的時間。是沒有人記錄的。後來佛的堂弟名叫阿難的。恐怕日期久遠了。大家都記不得。特意把佛講過的佛法。一句句都記錄起來。等到佛將要入涅槃（注見後）了。阿難問佛道。將來把你說過的佛法都編起經來。開頭一句怎樣的說。佛答阿難道。開頭一句。就用如是我聞四字罷。那纔可以證明這種經都是你阿難親身聽見佛這樣說的。不是從旁人口裏聽來的。所以阿難編成的經開頭一句。就用這四個字。如是。是指佛說的經。我。是阿難自己。聞。就是聽見。一時。卽是有一個時候的渾語。因為時候是各方各代不同的。譬如外人用陽曆。中國先前用陰曆。像夏朝用夏曆。周朝用周曆。所以不能限定某年某月了。為何佛專要為他的母親說法呢。這就是這部經的根本。和別部不同的地方。因為釋迦牟尼佛本來早就成佛的。為着要來勸化我們這世界上的人。所以特意來投胎做人。當時在中印度。迦毗羅衛國。那個國王。名叫淨飯王。他的夫人。名叫摩耶夫人。佛就投胎到摩耶夫人肚裏。在我國周朝昭王二十六年。甲寅年的四月初八日。從夫人的右邊脅骨中生出來。就是一位太子。後來長大了。看見世界上的人。受種種苦惱。就看破了一切。不情願做太子。情願出家去修行。從十九歲起。修到三十歲。就得道。成了佛。便到各處去說佛法。勸化世人。到七十九歲。就入了涅槃。涅槃是梵語。（梵語即印度話）涅。是不生。槃。是不滅。不生不滅。就是佛證的眞如實相。證是得到的意思。眞如實相。就是說佛得到的眞實相。不是虛假的相。能夠永久不改變。不消滅。而且凡人所瞧不到的。在我們世界上難得到的。那是叫做應身。你看上天的日月。無論什麼地方。祇要有水。不管你水的多少大小。他都能把影子來照應着的。我們衆生根機緣分不是一樣。感應了佛。佛像日月照水一樣。就現出身來救度我們。這是叫做應身。再說摩耶夫人。從佛在他的脅下生出來以後。到第七日就死了。因爲他是一個佛母。所以神魂就生到忉利天宮去。做了天子。等到佛將入涅槃的時候。因生身的母恩。還沒有去報答。發起一片孝心。特意把肉身飛昇到忉利天上。專門爲他的母親說法。（法凡是見得到、聽得到、說得出的、都可以叫做法。）以報生身的大恩。那麼就將這部完全演孝的地藏菩薩本願經。也連帶的傳了出來。所以經裏都以孝做根本。

句句可尋得出孝的脈絡來。現在一般無知識的僧人。一入空門。便說釋子不干俗事。就不去敬重父母。這非但不孝。簡直是佛的逆子了。從來佛菩薩及祖師沒有一個不孝敬父母。不孝敬師僧三寶的。所以孝是三教同尊的一章最要緊的根本大事呀。

爾時十方無量世界不可說不可說一切諸佛及大菩薩摩訶薩。皆來集會。

解、這時候十方沒有量數的世界。說不來的多。說不來的多。一切諸佛。以及有大多勝三種資格的大菩薩。都會集攏來。聽佛講經。

釋、當這個時候來的佛和菩薩。是很多很多的。所以分別不出是甚麼地方。甚麼刹土來的。只好統稱十方無量世界。因爲東方南方西方北方東南方東北方西南方西北方上方下方。這十方每方各有無量數的世界。（心量所不能知道他數目的就叫作無量數）世界既然無量。那些世界上佛菩薩。更加多了。所以稱爲不可說不可說。一切（是包括全數的意思）摩訶有大多勝三種意思。此等菩薩。心量又大。行爲又大。器量又尊重。爲天王等大人所尊敬的。所以叫做大。此等菩薩世世都出世間。除了佛以外沒有人可同他比較的。還能夠超出九十五種外道。所以叫做勝。此等菩薩都能知道世界以內世界以外的塵沙。還能夠博通正的邪的一切經書。所以叫做多。有此三種資格。纔可以稱大菩薩摩訶薩。因爲這各方的佛和大菩薩。知道佛要講經。所以都來忉利天宮聚會了。

讚歎釋迦牟尼佛。能於五濁惡世。現不可思議。大智慧神通之力。調伏剛強衆生。知苦樂法。各遣侍者。問訊世尊。

解、十方諸佛。先稱讚歎美道。釋迦牟尼佛。能夠在見濁。煩惱濁。衆生濁。命濁。劫濁。的五濁世界。現出想也想不到。說也說不出的。大智慧大神通的法力。來調伏衆生剛強難化的習性。要叫他分辨得出。知道苦和樂的方法。是多麼辛苦了。所以再各叫他侍從的菩薩。來問訊世尊。表示慰藉。（世尊即是釋迦牟尼佛）

釋、現在我先將五種濁。以及六種神通。十種神力。簡單的來說一說明白。五濁。第一是見濁。見濁有五種。其中最烈的是我見。因爲人都執定了有一個我。有我的身體。就生出了這種我的見解。有了我的見解。便要分別出旁人來了。因爲了我同旁人有了分別。便生出種種不平等不合理的心思來。造出殺。盜。淫。妄。等種種惡業了。第二是煩惱濁。也有五種。第一種是貪。有了貪心。就這樣也要。那樣也要。這也捨不得。那也捨不得。不但永遠不能脫離這個世界。並且有貪心。就要造出種種惡業來了。第二種是瞋。碰到一些些不稱心的事。就要發火。一些也不肯忍耐。因發了這個瞋心。又要造出許多許多的惡業。第三種是癡。一些不明白道理。假的認作眞的。眞的反認作假的。正路邪路都分辨不來。像這樣自己不能覺悟的人。怎麼可以修道呢。第四種是慢。對了隨便什麼人。一味的驕傲。一味的自大。沒有一些虛心和恭敬心。這樣人隨便學什麼事情。都不能上進的。何況學佛法呢。第五種是疑。無論你做什麼事。一有了疑心。就沒有主見。要想做。又不想做。要不做。又想做。把心思都攪亂了。生出許多煩惱來。不得一些淸淨。所以叫做濁。第三是衆生濁。是說衆生永遠在六道天道、人道、修羅道、畜生道、餓鬼道、地獄道。裏面。生生死死無了期。僥幸給你做了人。也免不了生。老。病。死。等各種苦惱。若是墮到三惡道裏去。那更加有說不盡的苦了。像這苦沒有脫離的日期。所以叫做濁。第四是命濁。一個人活在世上富貴貧賤。都由命安排的。況且一年四季寒暑風霜。無非催人老死。臨終一口氣呼出就了結。照此想像人命同朝露一般。一眨眼就沒有了。眞是危險得很呀。所以叫做濁。有上面四種循環的濁。纔爲造成最後的一個刧濁。但在這個時代。表面有成。住。壞。空。四個中刧。每個中刧裏各有二十個小刧。像水火刀兵瘟疫。等等都是到了壞刧。又會生出各種大災來。人的壽命忽然加多。忽然減少。有這樣的壞處。所以也叫做濁。生在我們這世界上的衆生。都免不了受這五濁的苦楚。還有佛的六種神通。第一種叫天眼通。無論日間夜間無論遠到幾千萬億里的路。幾千萬億的世界。無論多少的大山隔著。沒有一些看不見的。就是極黑暗的地方。也可以看得淸淸楚楚。不像我們凡夫。有了一張紙。一道牆遮阻隔。或是到了黑夜裏沒有光的地方。就一些也看不見了。第二種叫天耳通。無論遠到幾千萬億里路。幾千萬億世界。很輕很低的聲音。沒有聽不見的。連心裏起的念頭。也都能聽見。不像我們凡夫只能聽近處的高大的聲音。若遠一些。輕一些的。就聽不出來。三叫他心通。無論是什麼人心裏面的念頭。沒有不曉得的。無論什麼書。不用讀過看過。那書裏所說的道理事情。都會曉得的。不識字的人也會識字了。不像我們凡夫不要說旁人的念頭。就是你父子夫妻最接近最恩愛的人。他心裏起的念頭。也不會給你曉得一些的。四叫宿命通。無論是自己旁人的事情。無論這一世的。前一世。前十世。前千萬億世的事情。都會明白的。不像我們凡夫自己小時候的事情也都記不得。那裏還會曉得前世的事情呢。五叫神足通。又叫如意通。只要你動一動念頭。十方無窮無盡的世界。就都可以走遍。並且一些不吃力。一些不煩難。高山大海。都不會阻隔的。不像我們凡夫憑你極強健極會走路的人。也不過一天走一百里罷了。若是碰到高山大海。就過去不得。或是有了大風雨。就走不來了。六叫漏盡通。漏字是什麼意思呢。譬如一只破的瓶。把水裝進去。就都要漏出來。凡夫有了貪瞋癡。等種種煩惱。他的念頭都會給煩惱牽了去。幹出種種的惡業來。守不定自己的心。像這只漏瓶一樣。漏盡就是這種漏的壞處。完全沒有了。把貪瞋癡種種煩惱。一齊去得淸淸淨淨。一些也沒有。因爲這樣就可得到大神通。有了這六種神通。自然會有下面十種神力。一知是處非處智力。二知過去未來業報智力。三知諸禪解脫三昧智力。四知諸根勝劣智力。五知種種領解智力。六知世界智力。七知一切至處道智力。八知天眼無礙智力。九知宿命無漏智力。十知永斷習氣智力。須知濁世不易住。神力不易現。剛強衆生不易化。苦樂法不易知。而我佛能住能現能化能知。甚爲希有。甚爲難行能行。所以十方諸佛既讚歎了。又遣侍者慰問世尊。所謂惟佛與佛乃能知之。這一段文。就是發起全經的張本。

是時如來含笑。放百千萬億大光明雲。所謂大圓滿光明雲。大慈悲光明雲。大智慧光明雲。大般若光明雲。大三昧光明雲。大吉祥光明雲。大福德光明雲。大功德光明雲。大歸依光明雲。大讚歎光明雲。放如是等不可說光明雲已。

解、這時候。佛含着笑容。放出百千萬億很多很大很光明的雲來。這等雲。就叫大圓滿光明雲。大慈悲光明雲等等雲…把這樣子說不盡好的光明雲放罷了。

釋、前兩節。都說十方佛菩薩集會來聽經。雖還沒有聽到佛說。都先讚歎佛的希有功德。還差侍從的菩薩慰問於佛。這時候。如來一方面歡迎諸佛。一方面召集會衆。覺得機緣已至。心中非常歡悅。面上現出含笑的樣子來。況且佛剛要想宣揚地藏願力的機會。佛本來以度人作事業的。現在的機緣將要完畢。未來的機緣。已經有人來負担。所以他心裏很快活。心裏快活。自然含笑放出種種的光明來。這部經裏忉利天宮神通。如來讚歎。見聞利益。三品。都是放光的。這一品放光。同如來讚歎品一樣。都把全身的光明放出來。如來（是佛的一德號、依法身不變的體、起應身隨緣的用、不變名如、隨緣名來、故稱如來。）含笑是不放脣露齒。合口悅面。喜氣盈眉。笑從口出。一切毛孔皆開。所以全身放出光明來。百千萬億是說佛光的多。佛的一身能夠現出十光。百光。千光。還可以現出無窮無盡的光。都應了時機來表演他的佛法。大光明雲的大。是佛稱心的大。這個大是無大不包的。因爲佛的光明。勝過日月的光明幾萬萬倍。他能照破幽暗。照破日月所照不到的一切地方。雲是陰陽會聚而成功的。他能逶迤上去。自然成文。他的顏色有濃淡的分別。還能變化出許多形態來。還能釀出雨降下來。似表演如來現身像雲一樣。說法像雨一樣。使衆生的菩提芽。得了雲雨的滋潤。自然的生長起來。所說的大圓滿光明雲。是稱讚佛果位的功能。佛光無處不照遍的所以叫圓無論那一世界有緣能行孝道的衆生。都使他們得到果位。所以叫滿。慈悲是佛的本意放出這種大慈悲光明雲來。照衆生。衆生得照。心身立時清淨非常快樂。一得着樂。便可以脫離一切的苦惱。智慧。是衆生與佛同有的。因衆生受了五濁的蒙蔽。以至昏迷不現。所以佛放出大智慧光明雲來。叫衆生接受了。就能夠心地豁然開朗。發出本來同佛一樣的智慧來。般若是學佛最要緊的一種智慧。他能夠使你破除一切妄念癡迷。所以佛放出這種大光明雲。叫衆生接受了。也可以得到這種般若智慧。三昧是佛的正見正定功夫。不像我們凡夫學道。往往辨不出正見去接近外道。辨不出正定。去接近邪定。所以佛放出這種大光明雲來。叫凡夫接受了。也可以得到正見正定功夫。有大吉的事情。方能發出一種祥瑞。在佛的意思。似說你們得聽到這部演孝的地藏經。將來一定可以叫你們都得到佛果。所以先放出這種大光明雲。給你們一種很吉祥的預兆。福是衆生做了善事的好報應。所以給你享福。德是衆生能夠寬量饒人。存心仁義。所得來的。佛能夠修六度萬行。所以有此福德。證到無上果位。現在放出這種大光明雲來。叫衆生見了。這光明雲。也好學起積福德的行爲來。功德是佛修了無量無數的功行。方纔成功這種大德。現在放出這樣的大光明雲來。叫衆生也好照樣去修功行。自然也可以得到這種功德。歸是歸順。依是依賴。因爲我們衆生世世顚倒在六道受苦。其實都爲這個心沒有歸依的地方所造成的。所以佛放出這種大歸依光明雲來。叫你們衆生把心思打定。一心不二的來歸依佛。再照地藏經修行學孝。保你這一世可以得到佛果。不再到六道裏去受苦。讚歎是雲裏發出來的聲音。佛放出這種大光明雲來。有幾種意義。一是讚歎十方來集會的佛菩薩。二讚歎地藏能這樣行願。有這樣大的孝誓。地藏菩薩、曾說過、六道衆生裏面、一切男子是我父、一切女子是我母、若不度盡地獄衆生、我不成佛、所以他修到無窮無盡的劫數、仍舊在地下、有這樣大的行願孝誓、佛自然要讚歎了。三讚歎諸佛還能差人來問訊。四讚歎自從這部地藏經出世以後。一定四方有許多孝順父母孝順師僧三寶的衆生出現。

又出種種微妙之音。所謂檀波羅密音。尸波羅密音。羼提波羅密音。毗離耶波羅密音。禪波羅密音。般若波羅密音。慈悲音。喜捨音。解脫音。無漏音。智慧音。大智慧音。師子吼音。大師子吼音。雲雷音。大雲雷音。出如是等。不可說音已。

解、佛把上面的各種大光明雲放罷了。以後又發出種種很細很和好的聲音來。這聲音就是所說的檀波羅密音等十六種聲音。發出這樣一類說不盡的聲音完畢。

釋、佛把種種大光明雲放罷。還不肯說這部經。又發出種種細微和好的聲音。聲音是各種平和優美的鳴聲。調和而成功的。況且佛的音更加柔和淸雅。無論怎樣好聽的吹彈。都沒有佛那樣發出來的好聽。檀那是梵文。我們叫布施。布施是把自己所有的金錢等寶貴東西都去送給一般沒有的人。所以布施是萬種修行的第一法。也是貪欲人的懺悔法。梵文波羅密。我們叫登彼岸。是做事成功的意思。梵文尸羅。我們叫止得。止住了惡的事不幹。得了善事很恭敬的去做。一些不偷懶。佛發這種聲音來似叫你們趕緊去行布施孝道等善事。將來成了佛。度盡生生世世父母。來幹最大的孝行。梵文羼提。我們叫忍辱。忍有生忍法忍二種。生忍是不殺生。連蚊子也不拍殺一個。人家有意來擾亂你。來打你罵你也能忍耐得住。可以得大福報。法忍。是煆煉修持。斷絕一切煩惱。可以得增長智慧的報。能夠修兩種忍。那是最好的。佛發出這種音來。就是要你們修兩種忍的意思。梵文毗離耶。我們叫精進。是叫衆生一心上進。不肯退落。很勤力的作善事念佛拜佛。這叫外精進。心裏沒有妄念不起惡念。這叫內精進。衆生聽了這種佛音。自然不敢退落。不覺疲倦了。梵文禪那。我們叫靜慮。因爲我們的心。都像猴子野馬一樣。一息不停的亂跳亂跑。所以佛發出這種聲音來。叫你們來學禪定。把心定住了。不放他散亂。自然很安靜的沒有思慮。修成一種出世的根本。梵文般若。我們叫智慧。一般凡夫的智慧。早已給五濁迷住了。佛發出這種音來。叫你們的迷夢醒醒。好現出一些本有的智慧。發生一種道心來。慈悲喜捨。是說四種無量音。能夠使他人快樂。叫做慈。救濟他人的苦楚。叫做悲。他人得了快樂。我就歡喜。叫做喜。很平等的不起一些些憎愛執着。叫做捨。這四種心的意義是很廣的。你能種種做得到。自然可以得到解脫的方便。處處能夠解脫一切妄念惡濁。也自然難牽縛你的道心了。終於得到無漏。無漏的意義同前釋漏盡通一樣發現本來的智慧。去修成證到佛的圓果。那就可以得到大智慧了。佛發出這種音來。無非叫你們衆生發起道心。修習各種方法。獅子生在非洲的深山大谷裏面。他咆哮起來。把口扣着地上。現出大威勢。百獸聽了都嚇得逃避絕蹤。小獅子吼。比喻佛說法。一切邪道聽了。都也逃避絕蹤。大獅子吼。比喻佛說大乘圓教。聽了可以叫人得到無畏的解行。雲雷大雲雷音。是比喻佛身像雲。佛說法像雨。佛的音像雷一樣能夠遠震。使衆生聽了雷音。猛然警悟。生歡喜心。佛發出這十六種音。說一句總話。都爲着感應衆生。要用什麼方法得度的。便發出什麼音來。所以把這樣說不盡的音。都發出完畢。

娑婆世界。及他方國土。有無量億天龍鬼神。亦集到忉利天宮。所謂四天王天。忉利天。須焰摩天。兜率陀天。化樂天。他化自在天。梵衆天。梵輔天。大梵天。少光天。無量光天。光音天。少淨天。無量淨天。徧淨天。福生天。福愛天。廣果天。無想天。無煩天。無熱天。善見天。善現天。色究竟天。摩醯首羅天。乃至非想非非想處天。一切天衆。龍衆。鬼神等衆。悉來集會。

解、我們的娑婆世界。以及十方的各世界。各處的大國家。小邦土。有無量無數億的天上的人民。以及龍。鬼神。都也集到忉利天宮來。所說的天。就是四天王天。忉利天。須焰摩天。兜率陀天。化樂天。他化自在天。這叫欲界六天的。梵衆天。梵輔天。大梵天。這叫初禪三天的。少光天。無量光天。光音天。這叫二禪三天的。少淨天。無量淨天。徧淨天。這叫三禪三天的。福生天。福愛天。廣果天。無想天。無煩天。無熱天。善見天。善現天。色究竟天。這叫四禪九天的。合幷以上一二三禪天。總共十八重。都叫色界天的。從色界天上去。還有摩醯首羅天。非想非非想處天等四重。都叫無色界天的。這許多天上的一切人民。一切的龍。鬼神等等。都聚集了相會。

釋、上邊說過。佛放出了種種大光明雲。又發出了種種微妙之音。所以驚動了我們的世界。以及他方的各世界。各大國家。各小邦土。有無量無數億的天上的衆人。和龍。還有鬼神。都承蒙了佛的光音。也會集了到忉利天宮來聽佛說這部偉大重要的地藏經。所說的四天王天。在須彌山的半腰。一切事情和我們人間一樣。須彌山的東邊。有黃金埵。是持國天王住的。南邊有琉璃埵。是增長天王住的。西邊有白銀埵。是廣目天王住的。北邊有水晶埵。是多聞天王住的。各一邊都有十千由旬闊。凡是人間能修布施。持不殺戒。歡喜聽佛法。孝順父母。供養善人的人。死了就可以生到這重天上。他的壽命就有五百歲了。人間的五十年。只抵得他一晝夜。以後上去高一重天。壽命好處都加上一倍。忉利天（前已說過了）梵文須夜摩。我們叫善時分。生到這重天上去。便能叫你時時快樂。而且這天裏用蓮花開合以分晝夜的。赤蓮開時是日間。白蓮開時是夜間。這裏日月已照不到了。由衆人的身上。放出光明來。所以叫他做善時分的。我們能布施。不殺盜。心意柔和的去敬重父母。戒去淫慾。死了就可以生到這重天裏來。梵文兜率陀。我們叫知足。凡是生在五欲的地方。能夠知足。沒有口過。存心孝悌。再加清靜的做功益。修福德。死了就生到這重天裏。化樂天。是說生在這重天裏的人。會轉變化現。忽有忽無。憑着自己的神力福力。可以現出各種隨心所欲的境界。我們能孝順父母。敬重萬物。多聞佛法。領解佛學。命終。便投生到這重天裏。他化自在天。是欲界六天之主。他能夠將他人的快樂來作自己的快樂。倘若他心裏欲得一種境界。其餘的天都會化給他的。人間一千六百年。只抵得他們的一晝夜。壽命已加到一萬六千歲了。梵衆天。梵是指清淨無欲的意思。衆是指人民。就是說在這重天裏的人民。都是很清淨的。一些也沒有淫欲的妄念。梵輔天。是比喻匡助的輔臣一樣。大梵天就是指天王。這天王名叫尸棄。他能夠劫初先生。劫盡後滅。因爲從初禪天再上去是沒有言語的了。只有初禪天裏心內還有觀覺思念。外面也有言語號令。他有統領各天上各世界的權衡。所以有民。臣。王。三重天的分別。少光天。是說這天裏的菩薩。都能修禪定。定中還能出光。還能住在雲霧裏面。他的光明有從身上放出來的。有從口裏放出來的。光明裏面還發出各種音來。心裏已沒有一些妄念。口中也沒有一句言語。都用發出來的音替代講話的。所以這三天的名稱都一樣的。無量光天。是說光明增加得無限量的倍數了。但是他增加光明。也有上中下三等的分別。這都是從前心愛清淨。還喜布施持戒。所得來的好處。倘若還能夠在黑暗地方點燈。或者在佛前塔中寺中。點燈供養佛菩薩。更加可以得到增加無量光明的好報應。光音天。是說淨光能照到旁的地方去。更用着智慧的光明。來教化愚癡邪見的衆生。在這重天的菩薩。身上都有赤色的光明。更有五種神通。形相也沒有障礙。心中也不起觀覺了。所以也叫做定心喜樂地的。少淨天是說已經脫離了初禪天的喜心。得着靜定的快樂。但是這快樂並非出於境地的。是從靜性恬澹寂淨之中得來的。而且都得於內心。沒有一些從外境得來的。所以叫做少。無量淨天。是說在這天的菩薩。身心輕安。已經成就寂滅的快樂。淨心也較勝從前了。所以身外一切。更加得着清淨。無量淨。就是這個意思。徧淨天。是說普徧一切。萬物和我沒有兩樣。是說前二天雖然得着清淨的快樂。但是還沒有周到普徧。所以還說不到徧淨樂。現在他不但已達到徧淨樂。而且還能夠消滅一切歡喜心。純粹的樂着清淨。所以也有叫他離喜妙樂地的。福生天。就是修勝福力的菩薩。方纔可以生到這重天裏。所以有這個名稱。從這天以上。都居在薄雲裏。像星一樣的散住着。福愛天。是說喜樂都能捨去。凡有所求的。無非是修積福德。成就希上廣果。廣果天。是說凡夫之果。沒有比他好的。所修的功德。所得的果報。都超過以下諸天。無想天。凡是修無想定的。都生到這重天裏。壽命五百劫。除初生彼半劫。想心還在。到後來再退滅半劫。想心又起。中間共有四百九十九劫。想心不行。無煩天。是說沒有下界這樣見思煩惱的雜亂。無熱天。是說在此天內心意快樂。調和。柔順。能離去下界種種見思煩惱的執着。善見天。是說禪的障礙已除去了。所以見識很明徹的。善現天。是說這天裏的形色。比別天更好。而且善能變現。色究竟天。是色法最極的地方。這五重天。都是三果羅漢住的。三果。就是說初起一念無漏。次起一念無漏。後起一念無漏。由這種無漏勢力所感應。生到這樣清淨的地方來。梵文摩醯首羅。我們叫大自在天。在色究竟天的中央。有十住菩薩住在這地方。這菩薩也叫大自在天王的。他的形相。生着八條臂膊。三隻眼睛。乘了白牛。手執了白拂。只要念頭一轉。就能夠知道大千世界的雨滴數目。這天也是色界天的最後一重了。乃至非想非非想處天。乃至兩字。包括空無邊處天。識無邊處天。無所有處天。三重天的意思。合非想非非想處天共四重。總叫無色界四天的。生在這天的菩薩。連色身也看不見了。所以叫無色界。龍是一種最長大的鱗蟲。也算一種神物。他能隨意變化大小長短或隱或現的。鬼是人死後入地的魂魄所結成的。神是一種忽隱忽現力能拔山倒海的神道。

復有他方國土。及娑婆世界。海神。江神。河神。樹神。山神。地神。川澤神。苗稼神。晝神。夜神。空神。天神。飲食神。草木神。如是等神。皆來集會。

解、還有別地方的國家和佛土。以及我們世界裏的。海裏的神。江裏的神。河裏的神。樹裏的神。山上的神。地下的神。川澤裏的神。護苗稼的神。日遊神。夜遊神。空中的神。天上的神。草木裏的神。這樣許多的神。都到這裏來集會。

釋、上面神字雖然已經提過。但是沒說明白。要你們知道神的名目和大概。所以不嫌重複的再來說一回。海神是專門管理海裏面事情的。他名叫海若。江神。是專門管理江裏面事情的。他名叫江伯。河神是專門管理河裏面的事情的。名叫宓妃。這三位總稱就叫水神。樹神。是專門管理各種植物的。所以大樹裏往往有樹神住着。人家不敢去砍斫的。山神。是專門管理山裏面事情的。所以每座名山。就有一位山神去主管的。他的名稱也沒有一定。跟着山叫的。地神是專管地底下事情的。他名叫祇。管理閻浮提的地神。名叫堅牢。川、也可以做穿字解。是說小流的水。穿地下流的意思。也有神管着。澤是水匯聚的地方。也有神主管的。苗稼神是專門管理五穀的。苗是沒有長成的禾。古時有一個人。名叫后稷。專門教百姓耕種。死後就做了苗稼神。晝神是專管白晝人所做的善惡。夜神是專管黑夜裏人所做的善惡。空神專管半空中事情的。名叫舜若多。天神就是大天神。他能夠伸長四手。取四海的水。可以來自己灌沐。化現一切的珍寶。來供養佛。飲食神。是專門監管天下飲食事情的。像東廚司命的灶神。廟宇裏的伽藍菩薩等。就是。草木神。是管理天下一切草木藥材。這神靈是釋提桓因前面已解說過了所化的。

復有他方國土。及娑婆世界。諸大鬼王。所謂惡目鬼王。噉血鬼王。噉精氣鬼王。噉胎卵鬼王。行病鬼王。攝毒鬼王。慈心鬼王。福利鬼王。大愛敬鬼王。如是等鬼王。皆來集會。

解、開頭二句。同上面解法一樣的。所說的惡目鬼王。是說他眼睛生得很兇惡。噉血鬼王。是專喫活人鮮血的。噉精氣鬼王。是專喫人精液的。噉胎卵鬼王。是專喫胞胎的。行病鬼王。是專管人病痛的。攝毒鬼王。專管各種毒物。不使他來害人。慈心鬼王。是常使人家快樂的。福利鬼王。是專免人罪惡。加人福德的。大敬愛鬼王。是最愛惜衆人敬重善人的。像這一類的鬼王。沒有一個不來集會的。

釋、前段鬼字雖提過了。因爲沒有分出鬼的名目來。所以再來說一個大略。鬼是人死後的魂魄。各處都有的。在做人的時候。若肯行善事。還能夠惜福積德。那麼死了。閻王就封你做山林坟塚祠廟等各地方的神。享那祭祀的饗食。在做人的時候。不肯惜福積德。而且還要幹五逆。五逆是殺父、殺母、殺阿羅漢、破壞僧侶、出佛身的血、五種。十惡一、殺生、是殺死活的東西、就是蚊子也不能拍死一個的、二、偷盜、凡是人家的東西、無論一梗草、人家沒有應許你過、也不能拿的、三、邪淫、除了正式的妻妾以外、其餘犯的都是惡業、四、妄語、就是說謊話、五、綺語、就是講婦女的長短、六、惡口、就是罵人、七、兩舌、就是搬弄是非、八、貪欲、就是不知足、九、瞋恚、就是不能忍耐、一些不得意就發火、十、愚癡、就是不肯相信眞正的佛法、去信旁的邪道、做了上面十種壞事、就是犯十惡業、死後受無窮苦楚、不做這十種壞事、就是修十善業、死了就叫你生到上面說過的各重天上去。的壞事情。死了就罰你到最汙穢的地方去。不但得不到喫食。而且還時時的用皮鞭子抽打。打死了。把你去塡河。或者去塞海。所受的苦楚。是說不盡的。不惜福修德的人。到了這時。懊悔也來不及了。鬼是很多的。說也說不盡。所以把幾位重要的鬼王來說一說。惡目鬼王。是最兇惡的。他這種兇惡的形相。却從兩隻眼睛的神光裏透了出來。噉血鬼王。梵文叫訶利祇南。專喜喫活人鮮血的。他住在屠殺的刑場裏面。也要喫腥羶的東西。噉精氣鬼王。梵文叫毗舍闍。專喜吸活人的精液。也要喫五穀的精氣。噉胎卵鬼王。是專喫胞胎的。卵是比喻胎的意思。所以婦人臨產的時候。有許多的鬼。都搶着來喫胞衣惡血。行病鬼王。是說天將降下瘟疫的災來。東岳府君。必差了這類鬼去幹的。攝毒鬼王。他專心行仁恕的事情。所以切念着要救濟世人。因世間上各種的毒物很多的。像毒蛇。毒龍。毒蠱。一類都是。無論什麼人。一碰到他。立刻就會傷命。這鬼王都把他們收攝了。免得來害世界上的人。慈心鬼王。是常常爲給人家快樂。念念愛護衆生。心慈了。面也生得慈了。名是鬼。實在菩薩的化身呀。福利鬼王。就是各府各縣的城隍。他專做赦人罪惡。加人福德。這類好事的。所以有這樣好的名稱。大愛敬鬼王。他很愛惜衆生。記念衆生。同慈母愛念兒子一樣。倘若碰到了作善事的人。他就同佛一樣的來敬重你。

爾時釋迦牟尼佛告文殊師利法王子菩薩摩訶薩。汝觀是一切諸佛菩薩。及天龍鬼神。此世界。他世界。此國土。他國土。如是今來集會到忉利天者。汝知數否。

解、這時候。釋迦牟尼佛告訴文殊師利法王子菩薩摩訶薩說。你瞧。這一切許多的佛菩薩。以及天龍鬼神。這個世界的那個世界的這個國土的。那個國土的。像這樣多的天龍鬼神。今朝都會集到忉利天來的。你知道他的數目麼。

釋、爾時。就是各世界。各國土。以及各處的天龍鬼神齊集的時候。還有十方佛菩薩的主伴也親自來了。諸天的民衆也都來了。各色異類的種族。跟着的許多伴侶也來了。來的模樣。都是爭先恐後的趕着像衆鳥投林一般。又像大海的容納百川一般頃刻之間。聖人和凡人都渾合了。因來的人有這樣擁擠。所以都起了一種想發問的疑心。這來的許多人。來聞妙法來的呢。還是來授記來的。這時佛一運智慧。已經知道衆人存心的疑問了。就借了他們衆人的疑問。來問文殊。佛爲甚不告別的菩薩。而專告問文殊呢。因文殊爲衆菩薩的首領。而且也最聰明的。現在給佛誘問引弄了。也好爲後科啓請正宗。做伏筆。法王子。佛是法王。菩薩可補佛位的。也叫做補處子。所以稱法王子。梵文文殊師利。我們叫妙德。因他本是古佛。有三德佛性的。這部經正要顯出孝行爲衆善的根本來。非文殊這樣智慧。不能和佛相問答的。

文殊師利白佛言。世尊。若以我神力。千劫測度。不能得知。

解、文殊師利。回答佛說。世尊。倘若用我的神通法力。經過千劫的長久時間。思量測度起來。還不能夠知道這數目。

釋、文殊是過去的無量阿僧祇劫以前已成佛了。過去叫龍種上尊王佛。現代叫藏摩尼寶積佛。未來叫普現佛。既然是三世古佛。難道連這一些些人數也會猜測不出的麼。這是有二種妙意在裏面。一是自己謙讓。不像凡人一樣。專喜呈自己聰明。不曉得的事情也要來說的。這樣一謙讓可以顯出佛的尊重。二。這許多來衆。都是地藏菩薩久遠劫來所化成的。也都是地藏菩薩的因地從孝思而行願的來源。倘若文殊認眞答出了數目。那麼。後文地藏久遠劫來一句話。就找不到根據了。現在文殊却好說不知道法會來衆數目。順便的襯出後文佛用五眼徧觀。猶不能盡的話。而且更涵着催促佛說出地藏行孝的本願來。一唱一和的成功一種妙曲。也是集成地藏菩薩自始至今行孝的大典呀。

佛告文殊師利。吾以佛眼觀故。猶不能盡數。此皆是地藏菩薩久遠劫來。已度。當度。未度。已成就。當成就。未成就。

解、佛告訴文殊師利說。用我的佛眼。（佛眼有五種、也叫五眼的、就是肉眼、天眼、慧眼、法眼、佛眼。）來觀看的緣故。還不夠瞧盡這個數目。這都是地藏菩薩從久遠劫數以來已經引度的。應當要引度的。還沒有引度的。已經修成功的。應當要修成功的。還沒有修成功的。所以有這樣多的人。

釋上段。因文殊回答佛不知道。所以佛用了佛眼。徧處都瞧過。又用了文殊的意思。反轉來告訴文殊說。用我的佛眼來瞧。也瞧不盡他的數目喲。佛是具五眼的。他眞的爲瞧不盡麼。因爲這許多來的大衆。都是地藏菩薩久遠劫來所化成的。是指明歷時長久了。方顯出他所化的大衆多得瞧不盡了。已度已成就的。就是現化在十方國土。坐道場度生的。都是當度當成就的。就是各佛土的各菩薩。修上求下化的都是。未度未成就的。就是渾入在天宮大會裏面。沒有學道的都是。但是度和成就也不得不分開來說。度是法度。也就是投機的方法。先度量了衆生根器大小的分別。隨後大的。投給他大方法。小的投給他小方法。方法相宜了。方纔可以依了所授的方法去修持學習。這就叫引度的。成就是憑了這種方法去修習。修習既久。因圓果滿。名叫成。隨後度生的事業都可以辦了。各種的機緣也自然都會湊集的。這叫就。看到這一節。一定有許多人要疑心。以爲佛坐在多重閣上。周圍只有九十由旬。怎樣能容受得這許多的大衆呢。因佛法是不可思議的。他能夠把多少融會。大小相攝。不是凡心所可以胡亂來測度他的。

文殊師利白佛言。世尊。我已過去。久修善根。證無礙智。聞佛所言。卽當信受。小果聲聞。天龍八部。及未來世諸衆生等。雖聞如來誠實之語。必懷疑惑。設使頂受。未免興謗。唯願世尊。廣說地藏菩薩摩訶薩。因地作何行。立何願。而能成就不思議事。

解、文殊師利對佛說。世尊。我已經過去到了如今。是長久修善根的。故此能得到一種沒有阻礙的大智慧。所以一聽了佛所說的話。我當然是很相信的。像那修小果。聞小法。不聞大法的大衆。以及天龍等八部和未來世的衆生一類。雖然聽到如來誠實的言語。必定要懷着疑惑不決的心意。倘若他們外面頂戴受持了。

內心仍舊不能領會難免說出不相信的話來。反要成爲一種謗毀的罪業。唯獨我。很願意世尊。立刻廣大的說出地藏菩薩。在修因的地位。究竟做了怎樣行爲。立了怎樣誓願。而能夠成就這樣想不到。說不出的事情呀。

釋、上節佛說過。這許多集會的大衆。都是地藏菩薩所化成的。但是文殊具大智慧的。所以表明他自己很相信了。但是還有小乘小機的大衆。不免要生出疑心來謗毀。所以文殊作啓請正宗。要佛說出菩薩因地行願的詳情。來代表大衆發問。良好的機會到了。順便作釋疑的利益。使得一般小果聲聞。小機八部。都免去疑心謗毀。都成就正信頂受。豈不是自利利他的好方法麼。也可以照應到上文的伏筆。小果聲聞。他們是向來修小果聞小法的。還沒有聞過大法。要他怎樣會知道不可思議的事情呢。天龍八部。天龍是別名。八部是總稱。現在我將他分開來說。第一是天上的人。第二是龍。第三是夜叉。就是在虛空中會飛行的鬼。第四是乾闥婆。是在玉帝那裏管音樂的神道。第五是阿修羅。第六是迦樓羅。就是很大的金翅鳥。他兩個翅膀。在兩邊隔開有三百三十六萬里。專喫龍的。第七是緊那羅。像人一樣不過他頭上生角的。也在玉帝那裏管音樂。第八是摩睺羅伽。就是大蟒。也叫他地龍的。

佛告文殊師利。譬如三千大千世界。所有草木叢林稻麻竹葦山石微塵。一物一數。作一恆河。一恆河沙。一沙一界。一界之內。一塵一劫。一劫之內。所積塵數。盡充爲劫。地藏菩薩證十地果位以來。千倍多於上喻。

解、佛又告訴文殊師利說。譬如有三千的大千世界裏所有的草木叢林。稻麻竹葦。山石微塵。每一物。每一數目。都作一條恆河論。一恆河的沙。每一顆沙作一大千世界論。一大千世界內的一微塵。作一劫數論。每一劫所積微塵的數目。都來再充作劫數。地藏菩薩證得十地的果位已來。千倍多於上面所說的數目。

釋、佛欲說明地藏的因地原由來回答文殊的請問。還可以消除將來大衆的疑謗。所以詳細譬喻給大衆聽。什麼叫三千大千世界呢。一千個的須彌日月世界。名小千世界。一千個的小千世界名叫中千世界。一千個的中千世界名叫大千世界。因裏面有三種千數的名目。所以叫三千大千世界。這三千大千數目的地面廣大得了不得。這地上所有的各種物類。也多得沒有數目的。那裏還說得盡呢。只好很簡單的說幾種。就拿草木二種來說。你看徧地徧處都是。已經是說不盡。也不要去說許多樹木結成的叢林了。其餘稻麻竹葦。山石微塵。都有一樣的多。現在將這許多的物。每一種物。每一個數目。來當作一條恆河。這恆河的數目已經數不盡了。再把每一條恆河裏面的每一顆沙。當作一個大千世界。每一個大千世界裏的一粒微塵。當作每一次的劫數。再把一次一次的大劫時間。所積聚的微塵的數目。都把他來充作劫數。地藏菩薩證得十地菩薩的果位已來。所經劫數。比上面所說的數目還要多一千倍哩。因如來有智慧的見力。觀看久遠過去的事跡。同眼前一樣。所以有這樣明白的譬如。

何況地藏菩薩。在聲聞辟支佛地。文殊師利。此菩薩威神誓願。不可思議。若未來世。有善男子。善女人。聞是菩薩名字。或讚歎。或瞻禮。或稱名。或供養。乃至彩畫刻鏤塑漆形像。是人當得百返生於三十三天。永不墮惡道。

解、何況地藏菩薩。還在小乘聲聞辟支佛的地位修起來的。所以經過的時間。更要加倍的長久了。佛又叫着文殊師利說。這菩薩的威德神通。以及所發的願力。是想不到說不出的宏大。倘若未來的世界。有善的男子。善的女人。一聽到這菩薩的名字。或者稱讚歎美他。或者瞻望禮拜他。或者稱念他的名號。或者用香油燈幡種種東西去供養他。乃至於請丹青。用彩色去畫他的形像。請會刻鏤的人。去刻鏤出他的形像。請會塑漆的人去塑漆他的形像。這樣子的人。應當得着生到三十三天上去受福報。而且可以生到一百次的循環往返。在往返的期內。永不墮到地獄等的三惡道裏去。

釋、佛。前面譬如給文殊以及大衆聽了。他的意思還沒有完。所以還要說地藏菩薩沒有證得十地位的以前。自從人天小乘果位修起來的一句話。叫你們都可以知道他的因地。要加倍的比別人家久遠了。聲聞是聽了佛說法的聲音得道的。是小乘的果。修這種果。最聰敏的人也要修三世。愚鈍的人要修到六十劫。方才可以得到的。辟支佛。梵文叫辟支迦羅。我們叫緣覺。他修道常常居在水邊林岩的下面。或者獨宿在孤峯的上面。春天觀看百花的開放。秋日觀看黃葉的凋落。將外緣的境界。收歸自己的觀覺裏來。所以叫做緣覺。修這種緣覺。聰敏的人也要修四世。愚鈍的人要修到一百劫。方才可以證到。地藏菩薩。有威德。有神通。所以能叫一切外道畏懼折伏。還發宏誓。拔盡六道衆生的苦楚。願令一切衆生先成佛道。這都是他久遠劫來。積累的功德。他的力量。所以出人思議的表。因此能使未來世人對於他的福田。稍些種一下子。便有偉大福報的收成。

文殊師利。是地藏菩薩摩訶薩。於過去久遠。不可說不可說劫前。身爲大長者子。時世有佛。號曰師子奮迅具足萬行如來。時長者子。見佛相好千福莊嚴。因問彼佛作何行願。而得此相。

解、佛又叫着文殊師利說。這地藏菩薩摩訶薩。在於已經過去久遠得不可以說盡不可以說盡的劫數以前。他的身曾經做了大長者子。這個時候的世上有一尊佛。名叫獅子奮迅具足萬行如來。這時候長者子見了這尊佛的相好是一千種福業所莊嚴的。因此就去問這尊佛。是做了怎樣的行爲。立了怎樣的大願。能夠得到這種好相。

釋、上面佛曾說。地藏菩薩是從小乘修起來的。但是爲甚麼要發起修行的心來呢。所以又叫着文殊。說出他做凡人的時間發心修行的一節原由來。不但答盡了文殊問的妙意。而且完全可叫大衆消滅疑謗。大長者子要有十種的福德。一要姓貴。（須生在皇帝大官的宗族裏。）二要位高。（像宰相等一樣的大官。）三要大富。（有幾千幾百萬的家財。）四要威猛。（生得嚴重威肅的模樣。）五要智深。（生得聰明還有很深的學識。）六要年耆。（年紀既然高了、他人又都肯佩伏他。）七要行淨。（品行高潔、沒有一些齷齪舉動。）八要禮備。（禮貌很完全、可以給人家做模範。）九要上歎。（使得皇帝也來稱讚他。）十要下歸。（四海的平民、都喜歡來歸順他。）有這十種福德。方才名義相符了。長者是有德的老年人通稱。子是稱他作君子。也如孔子老子一樣。獅子奮迅具足萬行如來。是借獅子來比喻。獅子是百獸的王。比喻佛法是修萬行法中的王。奮是發怒振作。迅是進行很快。具比喻修萬行具足的人。只要有奮發的慧力。那昏瘴自然消滅的。只要有進行很快的定力。至理自然不會間隔的了。如來也是通稱。看過去有分別的叫做相。越看越愛的叫做好。佛的相是隨了機緣而應現的。或現三十二種相。八十種好。或現無量的莊嚴。無邊的相好。都從外境映入心裏。現出來的。所以大小好壞也不一定。現在長者子所見的佛相。是佛修得的好相。（因菩薩修十善業、每一種業、有十種心、這樣拚合起來、成會一百種福、由一百種福、再互相映照起來、就變成一千種福了。）所以沒有一種相不好的沒有一種不使得人不愛的長者子也知道這相。是佛修成的。所以他便請問佛。是做了怎樣行願。而能夠修到這種很好看的妙相。

時師子奮迅具足萬行如來。告長者子。欲證此身。當須久遠度脫一切受苦衆生。

解、這時候。師子奮迅具足萬行如來。告訴長者子說。你要證得這種身體。應當要久遠的度脫一切受苦的衆生。

釋、長者子既然去請問了他師子奮迅具足萬行如來。自然也要很明白的去回答告訴長者子說。你要希望像我一樣的許多好相麼。那你應當永遠行菩薩的道行。來度脫六道裏一切受苦的衆生。方才可以得到像我一樣的身體。生得有一千種福業所莊嚴的相好哩。因爲衆生沒有一個不受苦的。最可憐的受了許多苦。他還同做夢一般的不覺得。所以如來叫他要引度超脫他們。

文殊師利。時長者子。因發願言。我今盡未來際。不可計劫。爲是罪苦六道衆生。廣設方便。盡令解脫。而我自身方成佛道。

解、佛又叫着文殊說。這時長者子。因聽到如來告訴他這種的話。他立刻就發起誓願來說。我自今天起。盡我未來的時日。不可以計算的許多劫數。爲這一般犯罪受苦的六道衆生。很廣大的設立種種的方便計策。統統要叫他們解脫了罪業苦惱。而後把我的自身。方才再來成佛。

釋、長者子。聽了上面師子奮迅如來的話。就立刻先發起誓願來。因爲誓願是修行的先導。無論你修那一種。不發願是修不成功的。所以長者子。就發誓願。先行菩薩道。來度盡六道（六道上面已注過）衆生的罪苦。我們是人道。就來談一談人道的苦惱罷。我們住在娑婆世界的人。種種的苦是說不盡的。現在先將八種苦來說一回。因爲這八種苦。是很公平的。無論你富貴貧賤。都逃不過。都要受的。第一種叫生苦。一個人盤在娘的肚子裏。氣悶得了不得。若娘喫了東西下去。像山壓下去一樣重的難受。等到生出來的時候。就像二座山把他夾住。他硬在山縫裏鑽出。這痛苦更利害了。所以小孩一下地就哭。也就是這個緣故。第二種叫老苦。要瞧東西眼已花了。要聽說話耳也聾了。要吃菓餅牙齒脫落了。多走腿又酸。多坐背要痛。格外怕冷。也格外怕熱。你想苦不苦呢。第三種叫病苦。一個人一生了病痛。那是更苦了。要吃吃不下。要睡睡不着。難過得求生不得求死不得。疼痛得叫天不應。叫地不應。人家代也代不來的。這種種痛苦。正是難以形容的哟。第四種叫死苦。臨死的苦。更利害了。要說話舌根硬了。痰也湧塞了。要透氣。氣管閉了。渾身上下。四肢百節。處處硬生生的拆開來。俗話說。死如黃牛活剝。你想這痛苦說得出麼。第五種叫愛別離苦。就是很可親愛的父母兄弟妻兒子女。要好的親戚朋友。或爲了謀衣食。或爲了刀兵水火等各種惡環境的逼迫。不得不各走各的路。像要死的時候。眼瞪瞪的瞧着親愛的人可愛的各種東西。一一分別。所以死時都要流淚。就可以看出他心裏的悲苦了。第六種叫怨憎會苦。大凡一個人總有不知己的人。或是有仇怨的人。不要他碰見他偏會和你碰見。譬如强盜。是人人憎惡他的。有時也會碰到他。不損失金錢。就傷你性命。這是常有的事。第七種叫求不得苦。就是要東不得東。要西不得西。譬如我要想好的物件。我要事情成功。我交幾個好朋友。偏偏都沒有也都做不到。弄出種種不稱心的煩惱來。第八種叫五陰熾盛苦。五陰第一叫色。是把種種看得見的東西。都包括在內。第二叫受。就是所受的各種苦樂的境界。第三叫想。就是心裏亂起的好壞的雜念。第四叫行。就是說心裏雜亂的念頭。一個才去、一個又來。接連沒有停息的。第五叫識。就分別各種東西。各種境界的好壞的心意。這五陰。把人的本來靈性。都遮蓋住了。就叫人糊裏糊塗。不知不覺的生出貪瞋癡三種壞心來。五陰熾盛。是說五陰像火勢一樣燒得猛烈。現在再把貪瞋癡三種壞心。轉到五陰上去。像把乾柴投進烈火裏去一樣。自然烈烈烘烘燒得更利害了。就會造出種種惡業來。要曉得上面的七種苦。就是都從着末一種造出來的。若是第八種苦不除去。下一世還要就前面的七種苦報。再下一世也是一樣的。所以這八種苦。是循環的報應。我們人道居第二。已經苦得了不得了。再下去地獄餓鬼畜生道的苦。自然更是說不盡了。佛所以叫菩薩。來度脫這一般受苦的衆生。現在我們要解脫這種種苦。也許就在這一部經內尋一條極便當的出路。方才可以永世不受這種種苦惱。

以是於彼佛前。立斯大願。于今百千萬億。那由他不可說劫。尙爲菩薩。

解、所以在於這尊佛的前面立下了這個大願。到如今已有百千萬億那由他不可說的劫數。尚不肯成佛。偏要做普度衆生的菩薩哩。那由他數是幾千萬。

釋、這一節。上面兩句。是結束前面的立願。下兩句是實行所立的誓願。地藏菩薩。在沙塵比喻劫數的以前。在師子佛前。立下這個度生的大願。一直到現在。他要度脫衆生的道心。一些也不退轉。同起初一樣的。他的不願成佛。仍舊努力做菩薩。也是承順佛的教訓。承順是不逆。就是孝順。菩薩從先前修到現在。世世雙親。都得着超昇的利益。那地藏大士。也眞是無可比方的大孝子了。

又於過去不可思議阿僧祇劫。時世有佛。號曰覺華定自在王如來。彼佛壽命四百萬億阿僧祇劫。

解、又於過去無量無數的劫以前。這時世上有一尊佛。佛的名號叫覺華定自在王如來。這佛壽命的長。四百萬億無量無數的劫。

釋、梵文阿僧祇劫。我們叫無量數。這數的大。非我們凡夫所想得出算得出的。叫做不可思議。覺悟時心境朗開。如華開敷。故稱覺華定。能生慧。慧卽覺果。故定名覺華。既得覺果。於法自在。自在卽王。故稱自在王。如來是各尊佛的通稱。像我們稱先生一樣的。佛的壽命什麼有這樣長呢。因爲佛有三種身體。一叫法身。是佛把眞實平等的性。來做他本體。二叫報身。是佛修種種功德。修得長積得多了。就現出極莊嚴好相的身體來。三叫應身。這應身是凡人修道感應了佛所化的。所以多得像天上的月光印水一樣。只要地下有水。月光就爲印入的。現在把佛的三種的身體壽命。都合起來。你想這壽命的長還可以計算麼。但是你們也不要弄錯了。當做佛眞個有三個身體。其實佛仍舊只有一個法身。其餘二種是修功積德。自在得來的報應呀。

像法之中。有一婆羅門女。宿福深厚。衆所欽敬。行住坐臥。諸天衞護。其母信邪。常輕三寶。是時聖女。廣說方便。勸誘其母。令生正見。而此女母未全生信。不久命終。魂神墮在無間地獄。

解、在那位佛的像法時代中間。有一位婆羅門種族的女子。因前世的宿福。積得很深厚。所以大衆都很欽佩很敬重他。他行住坐臥的時候。也有各天的天神來保衛護持他的。但是他的母親。相信了邪道。看輕佛法僧三寶的。是在這時候。聖女廣大的說出方便法門。來勸他的母親叫他發生眞正的見識。來信佛法。然而這位女子的母親。還不能夠生出完全相信的心來。但是沒有多久。他的母親命終了。他的魂神也就墮落在無間地獄裏。

釋、像法。是佛的法運。不同正法時代的一樣眞確。不過還算像個樣子。這等時間。佛早已入涅槃。但有佛像住世。所以叫像法。婆羅門是刦初梵天降下來的種族。猶如我國的道教。這個女子是精勤修行而寡欲的處女。前世也很歡喜行善事。積德很深。所以今世也生性很寬厚。人家都會欽佩他。而且他心術也是極端正。所以行住坐臥。沒有不端正而威嚴的。他還能孝順父母。敬重三寶。自然感應諸天鬼神來保障。來護持他。有這種種端正行爲。自然可稱做聖女。衆人那會不來恭敬他呢。因爲他很孝敬。所以見他的母親相信邪教。看輕三寶的罪。是很重的。他就來想各種的方便法子。和順的。慢慢的來奉勸他的母親來相信佛法的正道。但是他母親外貌是像相信了。心裏仍舊沒有相信。這就是不完全相信。所以死了還是要墮落到地獄裏去。地獄是在地下受苦的地方猶如牢獄。在這地獄受苦。常時不休息的。叫做無間。

時婆羅門女。知母在世不信因果。計當隨業。必生惡趣。遂賣家宅。廣求香華。及諸供具。於先佛塔寺。大興供養。見覺華定自在王如來。其形像在一寺中。塑畫威容端嚴畢備。時婆羅門女。瞻禮尊容。倍生敬仰。私自念言。佛名大覺。具一切智。若在世時。我母死後。儻來問佛。必知處所。

解、自從他母親死過以後。在這時。婆羅門女知道他母親活在世上的時候。是不信因果的。若應當隨他所造的罪業去計算。那麼我的母親必定要生到三惡道裏面去。嘗惡趣味了。但是婆羅門女是一位孝女。豈有母親墮到惡道裏去有不去救的道理麼。所以他就想出救他母親的好方法來了。遂把他家裏所有的東西以及屋宅田產都賣去了。把賣下來的錢。再去很廣徧的搜求購買許多好的香。好的花。以及種種供養佛的器具。親自拿了這一類東西。到各處先前人所造的佛像。寶塔。寺塔裏。大興起供養佛的善事來。有一天。見一尊覺華定自在王如來。他的形像在一個寺院裏。無論是塑的。是畫的。都是有威德的容貌。端正莊嚴。沒有一種不齊備的。這時婆羅門女見到了。就去瞻望禮拜這尊佛的容貌。加倍的生出一種恭敬信仰的心來。他自己私下默默的想念着。在心內說佛的名號叫做大覺。具足一切的智慧。倘若這尊佛還活在世上。我母雖然已經死過了。倘若來問這尊佛。他一定會知道我母親神魂所在的地方。

釋、凡是一個人死去到幽冥界裏。善惡都是根據活在世上所做事情所定的。謗毀三寶。不信因果的罪。是很重大的。所以孝女計算他母親一定要墮入三惡道裏去。家業屋宅等。都是他父母的遺產。但是置產業。卽是作罪業的根源。因爲慳貪心不盛。產業就置不成了。邪見也發不起了。現在孝女把他統統賣了。就是消滅他父母罪業的根源。再把賣去的錢。買種種供養具。也就是代他父母將功贖罪的一個好方法。香有潛通法界的能力。華表示以因剋果的意義。所以這兩種是供佛最要緊的。佛有三十二種好相。這覺華定王如來都齊全的。所以孝女一見就很感動。憑着一片孝心。至誠專意的瞻禮他。瞻是目不動睛的望着佛祈禱。

禮是五體投地的膜拜。現在孝女瞻了又拜。拜了又瞻。加倍恭敬。還不動唇舌的私心默念要求佛指示他母親的下落。敬念的孝心既然長久了。感動也到了極巔。自然要流出悲哀的淚來了。

時婆羅門女。垂泣良久。瞻戀如來。忽聞空中聲曰。泣者聖女。勿至悲哀。我今示汝母之去處。

解、這時候婆羅門女垂下頭泣得很長久。心裏還不住的祈禱瞻望。依戀這尊如來。一定要求這尊如來指示他母親所在的地方。忽然聞得空中憑空的發出說話的聲音來說。悲泣的聖女呀。勿要過於悲哀了。我現今指示你母親所在的去處罷。

釋、孝女既然有這樣長久懇切的情態。自然能使感應道交。動佛的慈悲來指示他。泣是無聲流淚。因眼瞻佛容。意戀如來。在這種長久的沉靜中。所以能聞到佛來安慰他指示他的說話。也就是傾家興大供養。行孝道感召的報應。聖女。是稱他是正直賢德的女子。

婆羅門女。合掌向空。而白空曰。是何神德寬我憂慮。我自失母已來。晝夜憶戀。無處可問知母生界。時空中有聲。再報女曰。我是汝所瞻禮者。過去覺華定自在王如來。見汝憶母倍於常情衆生之分。故來告示。婆羅門女聞此聲已。舉身自撲。支節皆損。左右扶持。良久方甦。而白空曰。願佛慈愍。速說我母生界。我今身心將死不久。時覺華定自在王如來。告聖女曰。汝供養畢。但早返舍。端坐思惟吾之名號。卽當知母所生去處。

解、婆羅門女一聽到這話。立時合掌向着空中。而且望空的說。這是何處來的神靈。有這樣的大恩德。來寬慰我憂愁的思慮。我自從失了母親以來。無論晝夜。終是憶記着眷戀着我的母親。但是無處可以去問。知道我母親現在所生的境界。這時候。聞得空中又有聲。再來告訴聖女說。我就是你所瞻禮。已經過去的覺華定自在王如來。見你憶念你的母親。加倍的過於平常情性衆生的情分。所以來告示你知道。婆羅門女聞了這佛的聲音。舉了全個的自己的身體。望空撲了過去。這猛力的一撲。把四支的骨節都跌損傷了。經了他左右的侍女扶持起來。已是昏暈過去。又經過了許多時候。方才甦醒轉來。而且還要向空中祈禱說。願佛發慈悲憐愍我。從速說出我母親現在所生的境界。因爲我現在身體和心。離將死已經不長久了。這時覺華定自在王如來。又告訴聖女說。你供養的事做罷。但要早些囘返到家裏。端正的坐定。思念我的名號。卽當使你知道你母親現在所生的去處。

釋、孝女本來是很記憶他母親的。幷且急於要知道他母親。生在什麼地方。什麼道裏的心都很切。現在一聽得佛的說話。自然不顧身體的撲拜過去了。況且此身本爲母親的遺體。既然死了我的母親。我這身體還有什麼可惜呢。外身既已跌傷了。內心又是這樣憂苦。自在不久將要死了。但是死是不要緊的。我母現在究竟生在什麼去處。那是一定要知道的。所以忍了疼痛。依舊望空的祈禱。佛來憐愍他。從速的告訴他母親現在所在的地方。因爲他既有這樣至誠的孝心。佛自然也可憐他。預備告訴他了。

時婆羅門女。尋禮佛已。卽歸其舍。以憶母故。端坐念覺華定自在王如來。經一日一夜。

解。這時婆羅門女。聽了佛的話。趕緊把徧處的佛都瞻禮供養罷了。卽刻囘到他的家裏。因爲憶念他母親的緣故。所以很端正的趺坐好了。專心的念覺華定自在王如來。這樣念到經過一日一夜。

釋、孝女能專心憶念他母親。自然依佛的敎飭。也專心一意去念佛。因他具有這種至誠的專一心。所以能和佛心相契合了。所以須一日一夜的意義。古註說。日是表示孝女覺悟心的光明。夜是表示他母親不信因果癡迷心的晦暗。

忽見自身到一海邊。其水湧沸。多諸惡獸。盡復鐵身。飛走海上。東西馳逐。見諸男子女人百千萬數。出沒海中。被諸惡獸爭取食噉。又見夜叉。其形各異。或多手多眼。多頭多足。口牙外出。利刃如劍。驅諸受罪人。使近惡獸。復自搏攫。頭足相就。其形萬類。不敢久視。時婆羅門女。以念佛力故。自然無懼。

解、正在念佛的時間。忽然瞧見自己的人身到了一重海的邊上。但見這海裏的水。像滾湯一樣的湧沸着。許多兇惡的獸。都是鐵做的身子。飛一般的在海上東趕到西西趕到東。很快的馳逐。又瞧見許多的男子和女人。有百千萬數的多。一時浮出海面來。一時沒入海中去。又被了這許多兇惡的獸。像爭奪一般的。把這些男女取來喫食。還瞧見有許多夜叉。他們的形狀各各不同的。有的生了許多手許多眼。許多頭許多足。口裏的牙齒都向外露出。鋒利得像刀劍一般。驅逐這許多受罪的人。使他跑近惡獸一邊去。好叫獸把他們咬喫。而且自己也用手像捉蟲一般。把他們搏攫過來。把攫來的人。隨便玩弄。或把人的頭和足都團在一塊兒。或把他拉長來。或把他撕了。折斷了。拋去。這種種玩弄的狀態。是有千萬種的樣子。孝女也不敢久視。但這時婆羅門女。仗着念佛得佛力保護的緣故。瞧到這種形狀。自然也沒有什麼恐懼了。

釋、因孝女一心念佛。念到入定。自然使心地光明。更仗了佛力。所以可見到這種境界。夜叉。是行走很迅疾。舉動很敏捷的鬼。又還能飛行空中。但是種類也很多的。搏。是用手擊撲。攫是用爪捉持的樣子。

有一鬼王。名曰無毒。稽首來迎。白聖女曰。善哉菩薩。何緣來此。

解、有一個鬼王名叫做無毒。見了聖女。對他叩了頭來迎接他。而且對聖女說。善哉菩薩。爲什麼緣故會到此地來。

釋、凡是有福德的。方才可以稱王。這鬼王有什麼福德呢。因這個鬼。存心肯憐愍人。不肯毒害人的。所以稱王。也就叫他做無毒。但是這無毒鬼王。也是菩薩所化的。不是那有這種憐愍人的慈心呢。稽首。是把首叩到地上一刻兒。善哉。是歡喜的稱讚。

時婆羅門女問鬼王曰。此是何處。無毒答曰。此是大鐵圍山西面第一重海。

解、這時婆羅門女。就問這鬼王說。這是什麼地方。無毒囘答說。這裏就是大鐵圍山的西面第一重海。

釋、我們的鹹水海外面有一座山。就是大鐵圍山。這山沒入水裏有三百十二由旬。出水外也有三百十二由旬。山的四邊都是水。這周廻的水。有三十六億八千四百七十五由旬。第一重海。就在這中間。

聖女問曰。我聞鐵圍之內。地獄在中。是事實否。無毒答曰。實有地獄。

解、聖女又問他說。我聽說鐵圍山的裏面。有地獄在這中間。這是實在的事情麼。無毒回答說實在有地獄的。

釋、實有地獄。這意義是地獄本來是虛設的。因爲世間上的衆生。身做惡事。口出惡言。意起惡念。又喜烹殺來祀鬼神。因爲積成種種的惡。造成實在的地獄了。

聖女問鬼王曰。我今云何得到獄所。無毒答曰。若非威神卽須業力。非此二事終不、能到。

解、聖女又問鬼王說。我現今爲什麼得到這地獄的地方來。無毒回答說。倘若不是有威德神通的人。也卽須要有業力的人。不是有這二種事的人。終不能到這地方的。

釋、聖女自己想。我是敬信佛法的人。一身沒有罪業。爲什麼也會到地獄裏來呢。所以起了疑心來問鬼王。有威德神通的人方才可以到地獄中來。或是救度人。或是來遊觀。犯了身口意三惡業的人。因臨終時受了業力的牽纏。到這地獄裏來受苦報的。

聖女又問。此水何緣而乃湧沸。多諸罪人。以及惡獸。無毒答曰。此是閻浮提造惡衆生。新死之者。經四十九日後。無人繼嗣。爲作功德。救拔苦難。生時又無善因。當據本業。所感地獄。自然先度此海。海東十萬由旬。又有一海。其苦倍此。彼海之東。又有一海。其苦復倍。三業惡因之所感召。共號業海。其處是也。

解、聖女又問鬼王說。這海水是爲什麼緣故而會湧沸的。又爲什麼有這許多的罪人。以及各種惡獸。無毒回答說。這都是我們的閻浮提世界造惡作業的衆生。是新死的人。經過四十九日以後。沒有人繼嗣。給他做功德。替他救拔應受的苦難。活的時候又沒有樂善好施的因緣。應根據他在世本來所造的惡業去受他自己所感召的地獄。自然一定要先度過這一重海。這海的東面過去十萬由旬。又有一重海。他的苦楚還要比這重海加一倍。這重海的東面還有一重海。他的苦楚又要加一倍。這三重海。都是衆生三業惡因所感召成的。總共的名號。就叫業海。這地方就是。

釋、閻浮提一株大樹的王。周圍有七由旬。高百由旬。四布的枝葉有五十由旬。我們的世界叫南贍部洲。也依這大樹王立名的。凡是人死了每七日一變化。閻王定罪。雖是照活時的惡業據定。但是他也要過七七日方才判實。若這七七日內。有承繼的孝順子孫。每一七替他念佛拜懺。將功補過。自然把他應受的苦難。都救拔了。若七七日內無人承繼去替他救拔。自然要受苦受難了。但是受這利害的苦難。也都是自己三業惡因所感召的。現在我把這三業惡因來說一說。使得諸君都可以改惡向善。一是身業。身所做的惡事有三種。第一是殺生。無論最小的蚊子跳虱。也不能去弄殺他。第二是偷盜。就是人家的一梗草。你沒有問人家討過。也不可以拿的。第三是邪淫。除了正式妻妾以外。其他都不可犯的。二是口業。口所犯的惡業有四種。一是妄語。就是說謊。二是綺語。就是談婦女的穢褻。三是兩舌。就是搬弄是非。四是惡口。就是咒罵。第三是意業。意所犯的惡業也有三種。一是貪欲。就是貪得而不肯知足的欲望。二是瞋恚。就是怒目發火。三是愚癡。就是不信佛法。去信邪說。由這身口意三業。做出了十種惡因。再由這三業惡因。去感召成三重倍加苦的業海。以及種種的地獄。叫作惡的人。去自作自受。

聖女又問鬼王無毒曰。地獄何在。無毒答曰。三海之內是大地獄。其數百千各各差別。所謂大者具有十八。次有五百。苦毒無量。次有千百。亦無量苦。

解、聖女又問無毒鬼王說。你說鐵圍山裏實有地獄的。那麼現在地獄在什麼地方呢。無毒回答說。三海的裏面。都是大地獄。他的數目幾百幾千的多。這幾千幾百的地獄。都不相同。每一個地獄有各式各樣的差別。所說大的具有十八重。次一等的有五百重。他裏面所受的毒痛的苦難。和施刑狠毒。是說不盡的。再次一等的。還有千百重的小地獄。也有說不盡的痛苦。

釋、據經論上說。地獄可以分三類把他都收攝盡了。一是熱獄。二是寒獄。三是邊獄。熱獄有八重。在我們閻浮海的底下重疊而居的。寒獄也有八重。在鐵圍山的底下。仰上居住的。邊獄分山間水間曠野。三處居住的。十八大地獄。分八熱八寒。一正一邊。照十八泥犂經上說。第一重名光就居他的人和人一相見。大家就互相鬬殺。雖然殺傷了。也不肯死的。人又生得很長大。人間三千七百五十歲。他只有一日。（三十日為一月、十二月為一年、經過一萬歲、就是人間的一百三十五億歲、以下十七重地獄的苦、和歲數的長、倍倍加增。）第二重獄名居虛倅略。這裏的一種苦。已經要當一重的二十種苦了。第三重獄。名桑居都。第四重獄。名樓。第五重獄。名房卒。第六重獄。名艸烏卑次。第七重獄。名都盧難但。第八重獄。名不盧半呼。第九重獄。名烏竟都。是寒冷凍身的。第十重獄。名泥盧都。第十一重獄。名烏略。第十二重獄。名烏滿。第十三重獄。名烏藉。第十四重獄。名烏呼。第十五重獄。名須健居。第十六重獄。名末都乾直呼。第十七重獄。名區逋途。第十八重獄。名陳莫。這十八重獄中。每一重分別作十八隔。從寒冰獄。到飲銅獄止。總共三百四十二隔。鬼王所說千百。是總約的統計。總之地獄都是人的惡業所感召的。人有了無窮無盡各式各樣的罪惡。由自然的感召。也造成無窮無盡各式各樣的地獄了。受地獄的苦難。大小重輕。也依他在世時。所作的惡業大小重輕而定的。

聖女又問大鬼王曰。我母死來未久。不知魂神當至何趣。鬼王問聖女曰。菩薩之母。在生習何行業。聖女答曰。我母邪見。譏毀三寶。設或暫信。旋又不敬。死雖日淺。未知生處。

解、聖女又問大鬼王說。我的母死了到這裏來。還沒有許久。不知道他魂神應到何種惡趣裏去受苦。鬼王就問聖女說。菩薩的母親生在世間時。習何種行業的。聖女回答道。我的母親信邪見的。并且譏誚謗毀佛法僧三寶。設或暫時相信佛教。旋又不相信了。現在雖是死得不多日子。也已經不知道他所在的地方了。

釋、聖女既知道地獄在此處。但是仍舊見不到他母親。所以又要問鬼王了。魂是氣的神。人死了他一個不死的神魂。就是鬼。行是叫做進趣。業是人所造的善惡。造何種善。得何種善報。造何種惡。得何種惡報報應分明。絲毫不差的。所以鬼王先要問明白了他母親的行業。以便查尋。三寶佛相端嚴俱備爲佛寶。三乘聖敎爲法寶。出家修持。爲僧寶。

無毒問曰。菩薩之母。姓氏何等。聖女答曰。我父我母。俱婆羅門種。父號尸羅善現。母號悅帝利。

解、無毒又問聖女說。菩薩的母親姓氏。以及何種等級。聖女回答說。我的父親。和我的母親。都是婆羅門的種族。父親號叫尸羅善現。母親號叫悅帝利。

釋、三代以前。姓氏分爲二種的。用姓稱婦人。以表其婚姻。用氏以分別貴賤。貴的有氏。賤的只有名沒有氏。印土有剎帝利。（五種）婆羅門。（淨行）吠奢。（商賈）戍陀羅。（衆庶）四姓。尸羅是梵語。我們叫性善。是說好行善道。善現是我們的華語。這名氏雖然好。但是存心不好、都是執邪謗正的。鬼王問清了行業。再問姓氏種族。那自然更容易查明白了。

無毒合掌啓菩薩曰。願聖者卻返本處。無至憂憶悲戀。悅帝利罪女。生天以來。經今三日。云承孝順之子。爲母設供修福。布施覺華定自在王如來塔寺。非唯菩薩之母得脫地獄。應是無間罪人。此日悉得受樂。俱同生訖。鬼王言畢。合掌而退。

解、無毒合着掌。報告菩薩說。願聖者回返到本來的地方去。不要過於憂愁記憶你的母親。也不必過於怨哀戀念你的母親。你的母親悅帝利罪女。脫離地獄。生到天上去以來。已經至今有三天了。天上下示。說是承孝順的子女。爲他母親設供修福。布施覺華定自在王如來塔寺的功德。不但菩薩的母親得脫地獄。應該在這無間地獄受苦的罪人。這一日都得受着快樂。俱同他生訖完了。鬼王說罷。合着掌退去了。

釋、鬼王起先不知道是什麼人。一聽是悅帝利罪女。那就知道這位是大孝女。所以要合掌恭敬起來。因孝女有這樣的大孝心。自然感動了佛。也自然感動天了。所所以天下詔示。叫他的母親上天去。連同地獄的罪人都上天去。你想孝的功德弘大不弘大呢。因此古人要說百行孝爲先了。凡是孝。第一要隨順父母的心意。還要好好服侍他。使父母心中快樂。現在孝女起首。勸母信正道。中間。憶母爲與供養佈施。末了。救母出苦上天。像這樣的大孝順。是從古未有的呀。

婆羅門女尋如夢歸。悟此事已。便於覺華定自在王如來塔像之前。立弘誓願。願我盡未來劫。應有罪苦衆生。廣設方便。使令解脫。

解、婆羅門女。俄而如做夢一般的歸來了。覺悟了這事情後。便於覺華定自在王如來塔像的前面。立了弘大的誓願。說願我盡未來的劫數。爲應有罪惡苦果的衆生。廣徧的設立便利方法。使令他們都能解脫應受的苦趣。

釋、尋是俄頃。因孝女本來在家裏端坐念佛入定的。俄頃像做夢醒了一般。便悟到因果報應。業海地獄的種種事情。所以頓時便發起道心來。再到覺華定自在王如來塔像的前面。立下弘誓大願。情願盡未來劫。設方便法門。救盡一切受苦衆生。在後再來成佛。以報覺華定王如來救度他母親脫苦上天的大恩德。

佛告文殊師利。時鬼王無毒者。當今財首菩薩是。婆羅門女者。卽地藏菩薩是。

解、佛告訴文殊師利說。這時候的鬼王無毒。就是現在的財首菩薩。這時候的婆羅門女呢。就是現在的地藏菩薩。

釋、從前因文殊師利請問地藏菩薩的因地。所以釋迦牟尼佛。就說這一段地藏菩薩未成道以前。行孝的事實來。使一切衆生。知道廣行孝道的功德。及種種行孝道的方法。地是萬物所依據的。孝是無論貴賤萬民所依此受用的。能行孝道。譬如能藏財寶一樣。他的福德取用無盡的。可知道地藏二字。也是依孝順立名的。財首名義。財是人所寶貴的。首是萬行以佈施爲首。有了財方才可以佈施。比喻廣行孝道。如積財寶。廣度衆生。如大佈施。

分身集會品第二

解、在有地獄的世界。所有一切地藏菩薩的分身。應召來集。成就法會。這是本經的第二品。

釋。因前品佛說出地藏菩薩過去種種孝順的因地。所以地藏菩薩。就來集會。親自證明一切。分身。是菩薩修功德時應衆的機緣而化現的。他能將一身化出無窮無盡的分身來。像天上的月亮印入水中一樣。現在他就將各處的分身。都會集了。到忉利天來見佛。雖是爲作證。但也特地來領受如來的囑付。

爾時百千萬億。不可思。不可議。不可量。不可說。無量阿僧祇世界。所有地獄處。分身地藏菩薩。俱來集在忉利天宮。

解、這時百千萬億。不可以思想。不可以議論。不可以計量。不可以說盡。無量阿僧祇數的世界。以及所有地獄的地方。各處所有的分身地藏菩薩都來了。聚集在忉利天宮。

釋、億數可以分作四等。十萬爲億。百萬爲億。千萬爲億。萬萬爲億。現在把百。千。萬。億。四數。並列。就是指明萬萬爲億的數目。像這樣的數目。已經算不清了。何況再加上不可思議的。無量阿僧祇世界的一獄一分身。都來集會呢。可知道世界尚難量。那地獄和菩薩的分身。還可以計算得來麽。

以如來神力故。各以方面與諸得解脫。從業道出者。亦各有千萬億那由他數。共持香華。來供養佛。彼諸同來等輩。皆因地藏菩薩敎化。永不退轉於阿耨多羅三藐三菩提。

解、以如來具有普遍神通威力的緣故。所以能把各方面的菩薩。以及諸位已得解脫的大衆。還有從業道裏出來的大衆。都召集攏來的。也各有千萬億那由他的數目。都手持了香和華。來供養佛。他們同着地藏菩薩同來的一輩衆人。都因得着地藏菩薩的敎化。永不會退轉於阿耨多羅三藐三菩提的了。

釋、解脫有大小的分別。他們都得着不退阿耨菩提的解脫。就是大解脫了。阿耨多羅三藐三菩提是梵語。翻出我們的文字來。阿。是無字。耨多羅三字。是上字。三字。是正字。藐字是等字。菩提二字。是覺字。合起來。就是無上正等正覺。這正等。就是不邪不偏。覺就是覺悟。能夠不邪不偏的覺悟。就是具佛的智慧了。

是諸衆等。久遠劫來。流浪生死。六道受苦。暫無休息。以地藏菩薩廣大慈悲。深誓願故。各獲果證。既至忉利。心懷踴躍。瞻仰如來。目不暫捨。

解、這諸大衆等。自從久遠的劫數以來。在生死的海裏隨着業浪流轉。在那六道輪迴的受苦。沒有暫時得着休息的。以地藏菩薩有廣大的慈悲。深切的誓願緣故。各人獲到證得果位。既然到了忉利天。心懷都歡喜踴躍起來。很敬仰的瞻望着如來。目光都集中在如來。不肯暫時捨離到別處去。

釋、業浪。既有業海。自有業浪。衆生忽生忽死。同海中一起一沒的波浪一樣的。人若不得解脫。終在生死海裏隨浪流轉。你要得着解脫。不隨流浪。那就要依地藏菩薩的教誡。得仗了菩薩的大誓願。像他們一樣的修成佛果。

爾時世尊。舒金色臂。摩百千萬億不可思。不可議。不可量。不可說。無量阿僧祇世界諸分身地藏菩薩摩訶薩頂。而作是言。吾於五濁惡世。教化如是剛強衆生。令心調伏。捨邪歸正。十有一二。尚惡習在。

解、這時候。世尊舒放開許多金色的手臂。來摩那百千萬億。不可思。不可議。不可量。不可說。阿僧祇世界。諸分身地藏菩薩摩訶薩的頂。而說出這樣的話。我在五濁的惡世。教化這樣的剛強衆生。令他們頑劣的。都能調伏。捨棄邪道。歸依正法。但是十分之中。還有一二份。尙還有惡習慣存在。

釋、舒是放大開化的意義。佛有如意通轉變的神力。所以能將一母陀羅臂一兜羅綿手。能夠摩遍無量數。多得說不盡的分身地藏菩薩的頭頂。直接慰勞安撫菩薩。也就是安慰我們的衆生。世尊有智慧大悲二種性生。所以能設法調伏剛強衆生。以戒律調伏我們的身。以定慧調伏我們的心。身心調伏。自然能棄邪歸正了。但是還有一二份惡習未除的人。他要地藏菩薩。也同他一樣的設種種方便。調伏他們度脫他們。

吾亦分身千百億。廣設方便。或有利根。聞卽信受。或有善果。勤勸成就。或有暗鈍。久化方歸。或有業重。不生敬仰。如是等輩衆生。各各差別。分身度脫。或現男子身。或現女人身。或現天龍身。或現山林川原河池泉井。利及於人。悉皆度脫。或現帝釋身。或現梵王身。或現轉輪王身。或現居士身。或現國王身。或現宰輔身。或現官屬身。或現比丘。比丘尼。優婆塞。優婆夷身。乃至聲聞羅漢。辟支佛菩薩等身。而以化度。非但佛

身獨現其前

解、不但是要你地藏分身救度。就是我如來。也仍舊要分身千百億。廣大的設立方便法門。去救度。或有敏利的根性。去說法給他聽聞。使他即時信受。或已有善果的人。我就殷勤的勸他。就去成熟。或有呆笨暗鈍的根性。我便耐性而長久的。想方法去感化他。使他來歸依我正道。或有業障深重。不生敬仰心的像這樣一等的衆生。也各各有差別的。我也要分身去度脫他們。或現出男子身。或現出女人身。或現出天龍身。或現出神鬼身。或現出山林川原河池泉井。都來利益我們衆生。使我們都一齊度脫。在後方罷。或現出帝釋身等……菩薩等身。以去轉化得度。非但只有佛身。獨現在他們的前面。

釋、佛的法性是不動的。現在因爲要度脫衆生。自然要分身普現。委曲去就各各不同的根性。無論像化生胎生的利根。溼生卵生的鈍根。都用口輪辯才。說種種法。去感化開示。甚至現化入於畜生地獄等惡道。去敎化。幷且情願代爲受苦。還更現出山嶽。使人安居養道。現藥物。治人病苦。現大川。使天旱不涸。現高原穴地。

葬有德人的坟墓。現河池等。利益衆生。天帝。卽是釋提桓因。是地居的敎主。梵王。初禪天。是大千的敎主。轉輪聖王。分金銀銅鐵。是四部洲的敎主。居士。清淨自居。愛談名言。國王。是衆敎王。各國分疆本邦內的敎主。宰輔。是民衆的敎主。官屬。卽是官僚謀士一類。以上都是未聞道的。或現報身。或現應身。都給他們說法聞道。以下都是已有道機的。比丘。是僧伽。比丘尼。是尼僧。優婆塞。優婆夷。翻華文。叫近侍男。近侍女。是喜歡親近佛的男女。（聲聞等注見前）佛便現作同類身份。去轉化同伴。總而言之。世尊無處不入。無物不現。也無處不敎化的。

汝觀吾累劫勤苦。度脫如是等。難化剛強罪苦衆生。其有未調伏者。隨業報應。若墮惡趣。受大苦時。汝當憶吾在忉利天宮。慇懃付囑。令娑婆世界至彌勒出世已來衆生。悉使解脫。永離諸苦。遇佛授記。

解、你瞧我經過許多劫數。勤勞辛苦。度脫像這樣一等的。極難感化生性剛強而專犯罪受苦的衆生。但是還有一份未調伏的。只好隨他去受所作罪業的報應。倘若他們墮落在地獄等惡趣裏。受大苦難的時候。你應當憶念我現在在忉利天天宮慇懃付囑你。要你令娑婆世界至彌勒出世已來的衆生。都使他們解脫。永久離開諸般苦難。一直至於遇到佛給他授記方罷。

釋、佛在過去無量數的劫中。因爲要感化我們剛強的衆生。曾捨棄了無數的妻子國城。還有捨棄的頭目手足腦髓。比那高山大海加倍的多大。他這種種苦行。無非要調伏我們剛強衆生。度脫我們苦難的衆生。但是還有一部份業障深重不肯信仰的衆生。仍舊照式的頑劣剛強。任性作爲。只可以隨他所作惡業去受種種苦報了。但是地藏你若瞧見他們受大痛苦的時候。你仍舊要度脫他們。令他們一一都證果成佛。這種種大責任。以後都要你負擔的了。授記。佛說給他叫授。果然與心相期叫記。比喻佛說○○你在○年○月日時可成佛了。到時果然成佛。就是授記。

爾時諸世界。分身地藏菩薩。共復一形涕淚哀戀。白其佛言。我從久遠劫來蒙佛接引。使獲不可思議神力。具大智慧。我所分身。徧滿百千萬億。恆河沙世界。每一世界化百千萬億身。每一身度百千萬億人。令歸敬三寶。永離生死。至涅槃樂。但於佛法中。所爲善事。一毛一渧。一沙一塵。或毫髮許。我漸度脫。使獲大利。

解、這時候諸世界的分身地藏菩薩。聽了佛的囑付。都復幷成一人了。流淚涕泣。哀哀的依戀佛前。對佛說。我自從久遠劫以來。蒙佛接引我。又使我獲得不可思議的神通法力。具得了大智慧。我所有的分身。徧滿了百千萬億的恆河沙數的世界。每一個世界裏。再化出百千萬億的分身。每一個分身。可以度脫百千萬億的人。令這許多人。都來歸依敬信三寶。永久脫離生死苦難。直到得着涅槃的快樂。但是有人於佛法當中。所做的善事。無論你一毛一渧。一沙一塵。或者是只有毫髮似的些許。我也漸漸的把他來度脫。使這人獲得很大的利益。

釋、地藏菩薩聽受了世尊的付囑。要他負擔重大的責任。瞧了六道中還有這許多受苦衆生。正要待他去救度。世尊付囑過了。又要離他而去。撫今追昔。又如孝子受遺囑一般。怎的不涕淚交流。依依哀戀呢。菩薩大孝。當然要忍住濁世現化種種分身。入各道救度衆生。以報佛的慈恩。地獄衆生。尙要廣大救度。直使他們得涅槃的快樂。肯爲善的人。自然更要令他們早得遇佛授記的大利益了。

唯願世尊。不以後世惡業衆生爲慮。如是三白佛言。唯願世尊。不以後世惡業衆生爲慮。

解、菩薩受付囑之下。回答佛說。唯願世尊。不要以這後世的惡業衆生爲憂慮。像這樣的話對佛說了三次。唯願世尊。不要以這後世的惡業衆生爲憂慮。

釋、菩薩安慰佛。勿要憂慮。是表明他自已能夠承當負擔這種重大的責任。接連對佛說三次。是表明他下一種很堅定的決心。

爾時佛讚地藏菩薩言。善哉。善哉。吾助汝喜。汝能成就久遠劫來。發弘誓願。廣度將畢。卽證菩提。

解、這時佛就稱讚地藏菩薩說。很好。很好。我來助你。使你喜歡。使你能夠成就你的久遠劫來。所發的弘誓大願。等到廣度衆生將要完畢。就證得佛果。

釋、一句善哉。是讚他分身徧處。都使衆生敬信三寶。獲大利益。一句善哉。是讚他能夠負擔後世的重任。使這造惡衆生。不受大苦。吾助汝喜。是返照前品。菩薩爲婆羅門女時。對塔像前所立弘願。助他成就圓滿。使他喜歡。

觀衆生業緣品第三

解、佛母觀照衆生造業因緣受苦的事。這是本經的第三品。

釋、因爲地藏菩薩。既然擔任了這救苦的大任。自然要實行他的工作。但是要做這工作。應當先要觀察明白。衆生因何造業。以致給彼業緣牽纏。去受苦難。既然明白了這種種造業的根本來源。在後再來根本解決的救濟度脫。

爾時佛母摩耶夫人。恭敬合掌。問地藏菩薩言。聖者。閻浮衆生。造業差別。所受報應。其事云何。

解、這時候佛的母親摩耶夫人。很恭敬的合了掌。問地藏菩薩說。聖人呀。閻浮衆生。造業不相同的差別。以及所受的報應的事情。是怎樣的。

釋、聖母因聽了衆生各各差別的。爲此如來要分身度脫。又聽地藏菩薩對佛說。不要以後世的造惡衆生爲憂慮。所以他便趁機發問了。但是會衆的人。是很多的。爲甚麼夫人先發問呢。因如來升天宮。是專爲着他母親來說法。而且他又是佛母。所以應該要居先的。

地藏答言。千萬世界。乃及國土。或有地獄。或無地獄。或有女人。或無女人。或有佛法。或無佛法。乃至聲聞辟支佛。亦復如是。非但地獄罪報一等。

解、地藏回答道。千萬的世界。以及千萬的國土。或有地獄的。或沒有地獄的。或有女人的。或沒有女人的。或有佛法的。或沒有佛法的。乃至於聲聞辟支佛。也是這樣的。非但是地獄罪報一等。尚且如此。地獄罪報。還可以說得盡麼。

釋、爲什麼菩薩的回答。不對的呢。因爲世界是無邊的。國土是無量的。衆生是無盡的。業報是無涯的。現在聖母問得閻浮衆生造業的差別。那自然問得太狹小了。所以第一句就回答他。有千萬世界。像我們娑婆世界。有地獄。有女人的。極樂世界。就沒有地獄沒有女人了。有的世界都是菩薩。沒聲聞緣覺的。有的世界只有聲聞辟支佛乘的。有的不但沒有佛。連菩薩聲聞等都沒有了。這樣國土和世界。多得說也說不盡的。

摩耶夫人。重白菩薩。且願聞於閻浮罪報。所感惡趣。

解、摩耶夫人。又重對菩薩說。且願聽你說。閻浮世界的。犯了罪受報。所感得的惡趣。

釋、夫人聽了他。說出這許多的世界來。所以他就這樣說。你別的世界且不要去說他。單說我們的閻浮世界。犯罪的衆生。所感召惡趣的苦難罷。

地藏答言。聖母。唯願聽受。我麤說之。佛母白言。願聖者說。

解、地藏菩薩回答他說。聖母。唯願你來聽受我的話。我來麤草的說一說。佛母說。願聖者就說罷。

釋、麤說有二種理由。一。地獄名稱叢雜。若要細細說盡。就是一劫也說不盡的。二。說禪理是柔輭語。說地獄是麤硬語。

爾時地藏菩薩。白聖母言。南閻浮提。罪報名號如是。

解、這時地藏菩薩對聖母說。南閻浮提罪報的名號。是這樣的。

釋、地藏菩薩雖然是對聖母說。也無非是在勉勵我們作業的衆生。聖母尚且要情願聽受。我們可以不情願好好的聽受麼。若不情願聽受。分明是菩薩把你從地獄裏救了出來。你自己硬要跳進地獄裏去受苦。這那裏還想得出別的法子呢。

若有衆生。不孝父母。或至殺害。當墮無間地獄。千萬億劫。求出無期。

解、倘若有一般衆生。不肯孝順父母。或者甚至於殺他害他。像這般人。應當墮在無間地獄。就是經過千萬億劫。要想求出地獄來。也是沒有期待的。

釋、開頭就說作罪便墮地獄。是指示所感召的報應。第一罪惡。先說不孝父母。可說不孝父母的罪惡。是最重大的。因爲我們所有的身體。都是從父母而來的。「非父不生」「非母不育」所以父母的親恩。正是同天地一樣大。我們做子女的。豈可以不盡孝道。去報親恩麼。「羊知跪乳」「烏知返哺」不孝的人。連禽獸也不如了。何況還要去誅殺傷害呢。所以不孝父母是第一等大罪。自然應當入地獄。去受無窮盡的苦難了。

若有衆生。出佛身血。毀謗三寶。不敬尊經。亦當墮於無間地獄。千萬億劫。求出無期。

解、倘若有一般衆生。出佛身上的血。毀壞譏謗三寶。不恭敬尊重經典。也應該墮入無間地獄。雖經千萬億劫。要求跳出地獄。是沒有期望的。

釋出佛身血。是損傷佛的身體。致於出血。現生就入地獄的。倘若毀壞焚燒塑畫的佛像。自負聰明。譏謗三寶。聽講經時不肯鄭重。生輕慢心。亂拋經典在於床榻等不潔淨的地方。或貪藏古籍。不肯修補流傳。致於失絕。見尼僧不肯恭敬。這都是與出佛身血一樣的罪。應該墮入地獄。

若有衆生。侵損常住。點污僧尼。或伽藍內恣行淫欲。或殺或害。如是等輩。當墮無間地獄。千萬億劫。求出無期。

解、倘若有一般衆生。侵害損壞僧衆常住的地方。點污僧尼。或在伽藍裏面恣意的亂行淫欲。或是殺害生命。像這樣一輩衆生。也應當墮無間地獄的。任你經過千萬億劫。想求出地獄來。是沒有期望的。

釋、常住是往來僧衆。辦道的地方。僧衆雖然往來無定。但是此處產業。是常常存在的。以備後人學道的根基。倘若你把這地方的無論大小事物。去侵犯損害一些。就是侵害後來學道的根本。點污僧尼。是說菴廟寺院中的舞弊。有一般無賴浪子。引誘奸淫清修女子。或尼僧。處女。寡婦等。伽藍是大小寺院的通稱。或有無恥的婦女。自已不肯守貞。假裝入寺修行。心存邪淫。擾亂初學僧人。暗暗私行淫慾。沒有一些慚愧的。或有偷喫葷腥的僧衆。在寺院內。私殺鷄鴨魚類的生命像這一類。都是罪大惡極的衆生。死了也應該打入無間地獄的。

若有衆生。僞作沙門。心非沙門。破用常住。欺誑白衣。違背戒律。種種造惡。如是等輩。當墮無間地獄。千萬億劫。求出無期。

解、若是有一般衆生。假扮沙門模樣。他的心並非學沙門的。心破壞常住的規則。亂用常住的東西。欺誑不知佛法的白衣。違背僧人應守的戒律。種種所造的罪惡。像這一等的人。應當墮入無間地獄裏。就是過千萬億的劫數。要求出地獄。是沒有期望的。

釋、梵語沙門。我們叫勤息。是說要勤守戒。定。慧。息除貪。瞋。癡。方才名義相符。現在有一般人。身雖假扮沙門。他的內心正是詭詐得很。專門敗壞清規。蕩賣寺產。欺誑哄騙。不知道法要的白衣。「非法說法」「自誤誤人」爲能事的。違背了戒律。也不曉得自已省悟慚愧。依舊造出種種惡業。這等僧衆。一死就要墮入地獄了。

若有衆生。偷竊常住財物穀米飲食衣服。乃至一物不與取者。當墮無間地獄。千萬億劫。求出無期。

解、若是有一般衆生。偷竊了常住裏的財物穀米。飯食的東西。及衣服。乃至無論那一件東西。主人沒與給你。你把他取來了。這也應當墮落在無間地獄裏。就是經過千萬億劫。要想求出這地獄。終沒有期望的。

釋、無論日間夜間。有人無人。若在常住裏拿一樣東西。主人沒有應許你過。送給你過。你也沒有問主人討過。就是大的犯了偷盜罪。小的犯了私竊罪。財物是僧衆應用的。穀米是僧衆依賴活命的。衣服是僧衆遮體的。此外飲食物件。以及一切香油燈燭。一些也盜劫偷竊不得。佛經裏曾說過。盜僧祇物者。其罪勝過殺八萬四千父母。你想這罪業大得還可以測量的麼。

地藏白言。聖母。若有衆生。作如是罪。當墮五無間地獄。求暫停苦。一念不得。

解、地藏說。聖母。若是有衆生。作了這樣的罪業。應當墮在五種的無間地獄。要求暫停苦楚。就是轉念極促的時間。也是得不到的。

釋我們閻浮衆生。犯了上面說過的五節罪業。是最重大的。無論何人犯了。一定要隨業報應。墮入五種的無間地獄裏受苦去。在受苦的時間。要想暫停一念之間的苦也得不到的。一直要等到業滿。方才可以出地獄。業未滿。就是受過千萬億劫的苦。也沒有出獄希望的。

摩耶夫人。重白地藏菩薩言。云何名爲無間地獄。

解、摩耶夫人。重又對地藏菩薩說。怎樣說的。爲何名稱叫做無間地獄。

釋、上面幾次的說無間地獄。但是立無間名稱的意義。從怎麼樣來的呢。

地藏白言。聖母。諸有地獄。在大鐵圍山之內。其大地獄。有一十八所。次有五百。名號各別。次有千百。名字亦別。

解、地藏菩薩。又回答說。聖母。諸般所有的地獄。都在大鐵圍山的裏面。他裏面的大地獄有十八所。次一等的有五百。名號各自分別不相同的。再次一等的。有千百。他的名號也是有分別的。

釋、人所造的罪惡。都不同的。所受果報和地獄。自然也各各不同了。詳情前面已釋過

無間獄者。其獄城周帀八萬餘里。其城純鐵。高一萬里。城上火聚。少有空缺。其獄城中。諸獄相連。名號各別。獨有一獄。名曰無間。

解、說到無間地獄。他的獄城周帀有八萬餘里。他的城純是鐵的。高有一萬里。城上都是火焰聚集。少微一些空缺也沒有的。他的獄城中間。諸般獄所相連接的。獄雖連接。但是名號是各別的。惟獨有一處獄所。名叫做無間。

釋、閻羅王城的四面。分列各種地獄。若是人命終了。便乘了中陰身入泥犂城。未受罪之間。共聚在這裏。巧風所吹。各隨業的輕重。受大小身的分別。臭風所吹。就成了罪人的麤醜形狀。香風所吹。就成福人微細的身體了。準定在這城裏受苦的都是麤醜的。應生到人道天道裏去的。身都細微的。卽等活等七大獄。八熱獄等。連在一起的。因無間受苦更重。所以用獨有二字表出來。

其獄周帀萬八千里。獄牆高一千里。悉是鐵爲。上火徹下。下火徹上。鐵蛇鐵狗。吐火馳逐。獄牆之上。東西而走。獄中有床。徧滿萬里。一人受罪。自見其身徧臥滿床。千萬人受罪。亦各自見。身滿床上。衆業所感。獲報如是。

解。那個無間地獄。周帀圍繞有一萬八千里。牆高有一千里。都是鐵做的。上面的火燒徹到下面來。下面的火燒徹到上面去。鐵蛇鐵狗。吐出火來驅馳追逐。獄牆的上面忽東忽西的跑走。獄中還有床。徧滿了一萬里。一人受罪。能自己瞧見他的身體。徧處臥滿了所有的床。千萬人受罪。也各人自己瞧見身滿了床上。因爲衆業的感召。所以獲得這樣的報應。

釋、鐵性剛強而冷。表示人心的殘忍冷酷。剛強成性。作惡不肯改悔。火性猛烈。表示衆人的瞋恚火。煩惱火。貪慾火的猛烈燃燒。不肯休息。鐵城的二隔中間。有八萬四千的鐵蟒大蛇。蛇自口中吐出毒氣在火中。蛇身充滿了城內。這蛇咆哮時。像天震雷雨大鐵丸。城四角有四隻大銅狗。廣長有四十由旬。眼光像掣電。牙齒像劍樹刀山。舌像鐵刺。身上的毛都是猛火。他的烟又很臭惡。一邊口裏吐毒火。一邊在獄牆上馳逐罪人。衆業。就是上面所說的。殺父母。出佛身血。邪淫偷盜等。惡業感應的果報。

又諸罪人。備受衆苦。千百夜叉。及以惡鬼。口牙如劍。眼如電光。手復銅爪。拖拽罪人。

復有夜叉。執大鐵戟。中罪人身。或中口鼻。或中腹背。拋空翻接。或置床上。復有鐵鷹。啖罪人目。復有鐵蛇。繳罪人頸。百肢節內。悉下長釘。拔舌耕犂。抽腸剉斬。烊銅灌口。熱鐵纏身。萬死千生。業感如此。

解、還有諸般罪人。完備的受過衆苦。千百數個的夜叉。以及惡鬼。口中的牙齒像劍。眼睛像電光一般。手甲爪像銅一樣的。拖拽着罪人。還有夜叉。把罪人做他的玩具一般。把手中的大鐵戟。去拋擲中罪人的身體。或拋中了口鼻。或拋中了腹背。再把罪人拖過來。拋在空中。倒翻的接着。或把他置在牀上。還有鐵的鷹。啄啖罪人的目。還有鐵的蛇。繳住罪人的頸。四肢百節的骨節裏。都釘下很長的釘。有的拔他的舌頭。用耕犂來犂他。有的挖抽他的肚腸。有的用刀剉斬。有的用烊化的銅汁灌入他的口裏。有的用熱鐵纏縛他的身體。痛得罪人萬囘死去。千囘活來。這般都是罪人造惡作業的感召。應該像這樣子受苦的。

釋、夜叉本來也是鬼。但是有一種鬼。還要兇惡。又名叫獸鬼的。生得牛頭人手。兩脚牛蹄。力大可以排倒山。復有一類夜叉。就是極兇惡的獄卒。生了八個頭。六十四隻角。頭角裏一燃火。便化成刀輪。滾入火焰中了。鐵戟。比人間的戟大得多了。所以叫大鐵戟。這大戟。都用火燒紅的。鐵床也用火燒紅的。叫罪人多受毒痛。這都是世人專門懷着怨人恨人的心不肯改悔成了惡習的果報。鐵鷹鐵蛇是罪人生時見人家佈施。去用說話毀辱他。譏笑他。又向國王大臣及一切衆生前。說布施沒有功德。沒有果報等話。感召來的苦報。鐵釘獄。獄卒先將罪人撲到熱鐵上。再舒捲他的身體而後用燒紅的釘。釘滿手足遍身。要釘五百枚的多。苦痛哀號。還不能死。抽腸拔肺獄。用長叉叉住肋骨。把心肝挖出來碓擣。把膽裂了。腸也抽出來。再將身上的肉屠割。剉的剉。斬的斬。形狀弄得像虀粉一樣。這都是說誑話。騙人的報應。烊銅灌口吞鐵丸。都是貪喫四方僧人的花果飲食。不肯報謝所致的。在獄裏就是受遍各種痛苦。死了或獄卒一喝。或冷風一吹。就活了。像這樣的死生。千萬次也無窮盡。的罪報最重的。一日一夜有八萬四千次的生死呢。

動經億劫。求出無期。此界壞時。寄生他界。他界次壞。轉寄他方。他方壞時。展轉相寄。此界成後。還復而來。無間罪報。其事如是。

解、世人作惡的業力最大。一動就可以造成地獄裏億劫的年壽。想出來是沒有限期的。到這個世界壞了的時候。可以將獄所寄生到別的世界去。別的世界又壞了。又可以轉寄到別的地方去。等到別的地方壞時。再輾轉的相寄過去。等到這世界生成了以後。仍舊還復的到這裏來。無間獄的罪報。他的事實像這樣的。

釋、衆生罪報的長久。連世界也比不過他。因世界有成。住。壞。空。各有二十個小劫。人的壽命也依劫有二十次的增減。劫火將要從地下燒起來的以前。鐵圍山獄所。就像這樣的輾轉的遷過去。一直到這世界又生成了。在後仍舊將地獄遷到鐵圍山來。（要知四劫的詳情、可以參閱彌陀經白話解。）

又五事所感。故稱無間。何等爲五。

解、又因爲有五種事所感召的。故此稱他做無間的。怎樣的爲了五種事呢。

釋、這節是分科別釋的總冒。

一者。日夜受罪。以至劫數。無時間絕。故稱無間。

解、第一種是。日日夜夜受罪受苦。以至於地獄的劫數。沒有一些些時間斷絕的。

所以稱他叫做無間。

釋、時間和苦難。沒有一些斷絕。就是同我們作惡的妄念連續不斷一樣。可知報應分明。如影隨形一般。絲毫不錯的。因為時間不能稍得着斷絕。所以叫時無間的。

二者。一人亦滿。多人亦滿。故稱無間。

解、第二是一人在地獄裏也是滿的。多人在地獄裏也是滿的。所以稱他叫無間的。

釋、倘若世人一身犯了。前面所說的多種罪。那惡業自然更大了。死後他的身體。就滿徧了各種大小的地獄。受徧種種地獄的痛楚。這是叫形無間的。

三者罪器。叉棒。鷹蛇狼犬。碓磨鋸鑿。剉斫鑊湯。鐵網鐵繩。鐵驢鐵馬。生革絡首。熱鐵澆身。饑吞鐵丸。渴飲鐵汁。從年竟劫。數那由他。苦楚相連。更無間斷。故稱無間。

解、第三是施罪的器用。沒有不齊全的。像叉棒鷹蛇狼犬等類。都是鐵的。或用燒熱的鐵杵和鐵臼。碓舂罪人的身體。或把罪人用磨磨。用鋸拉。用鑿鑿。剉的剉。斫的斫。或拋入大鑊裏用湯煮。或用燒紅的鐵網纏絡他的身體。或用燒熱的鐵繩紮拚。使他身肢挺直。在後逐繩道的。斬斫罪人分成百千段。有的使他騎在燒熱的鐵驢。鐵馬上焚燒。生革絡首。就是活剝他的皮。有的用烊化的鐵汁。一邊叫他跑。一邊用鐵汁澆他的身。使他皮肉焦爛。饑餓的時間。獄卒用鐵箝箝開他的口。用燒紅的鐵丸。拋入他的口中。唇舌。齶依次焦爛。經過小腸向下而出。鐵丸還是紅的。有的口渴了。獄卒用鐵箝箝開他的口。將熱化的鐵汁。灌入他的口中。唇舌。腸胃小腸。依次燒破。向下流出。這樣的。自從年起。直到竟劫。有那由他的劫數。毒痛苦楚。相連接的。更沒有一息間斷的。所以叫他無間。這是受苦無間。

釋、叉棒。鷹蛇。狼犬。鐵驢。鐵馬。獄。這都是世人。怨枉人。瞋怒人的惡習所感成的。碓。磨。鋸。鑿。剉。斫。鑊湯等獄。是前世活時不相信儒釋道三尊。不孝敬父母以及屠兒魁膾等斬截衆生所以得這樣的罪業。還有鐵網。鐵丸等。是從前所造。若人非人身中。一切惡業。所積成功的。

四者。男子女人。羌胡夷狄。老幼貴賤。或龍或神。或天或鬼。罪行業感。悉同受之。故稱無間。

解、第四是不問你男子女人。或是西戎羌胡。邊境夷狄。老的。幼的。貴的。賤的。或是龍。或是神。或是天上的人。或是地下的鬼。有了造罪行惡的業感。墮在地獄裏。都是同樣受苦的。所以稱他叫無間的。

釋、秦漢時。匈奴等國叫胡人的。四邊疆域。未開化的人民。在東面叫夷人。在南面叫蠻子的。龍有行風降雨傷害生命的罪業。神有饗食血肉的罪業。修在天上的人。等到天福享盡。也是要墮入地獄的。這是果報的無間。

五者若墮此獄。從初入時。至百千劫。一日一夜。萬死萬生。求一念間暫住不得。除非業盡。方得受生。以此連綿。故稱無間。

解、第五是倘若一墮在這地獄。從初入地獄時。直到百千劫。在這期間的一日一夜。要經過一萬回的死。一萬回的生。要求一念極促時間的暫停。也不可得到的。要脫這苦除非業報窮盡了方才得着投生爲人時候。以這樣的連綿。所以稱他叫無間的。

釋、當罪人業報完了以後出獄時。見閻王的鐵城。就都歡喜得了不得。大呼着萬歲。閻王就叫罪人到他的跟前說。叫你受這樣苦沒有寃枉你的。現在你應去投生。再做人家的兒子了。要孝順父母。奉侍年長的人。要畏懼帝王的法律。要奉承沙門及道人。咐囑罷。都給他投生去。因爲初入獄。及到出獄這期間。生死連緜的。所以叫做壽命無間的。

地藏菩薩。白聖母言。無間地獄。粗說如是。若廣說地獄罪器等名。及諸苦事。一劫之中。求說不盡。摩耶夫人聞已。愁憂合掌頂禮而退。

解、地藏菩薩對聖母說。無間地獄。現在粗略的說說。像這樣的。倘若要廣大的詳細的說出地獄。以及施罪用的器具等名目。及諸般所受痛苦的事情。就是在一劫的時間之中。要求說盡。也說不盡的。摩耶夫人聽他說罷。很憂愁的合着掌頂了箇禮。而退回了原坐。

釋、因全世界衆生的惡念。是晝夜不絕的。而地獄罪具。是跟着人心的惡念而發現的。你想。這還說得盡麼。聖母爲聽了罪人受這樣無窮的苦。要想救。又沒有力量。所以要憂愁了。合掌表示自心的不散亂。頂禮。是謝地藏菩薩的宣講。

閻浮衆生業感品第四

解、佛說。地藏菩薩的教化閻浮提衆生。造業感報的事。這是本經的第四品。

釋、閻浮提是樹名。（樹形注見前）我們的南贍部洲。依這樹立名的。衆生本是通指九界的。現在指明閻浮衆生。就是專指我們的世界上的衆生。月中的黑影。就是這閻浮樹影。月亮本是光明清淨的。被這樹影一來遮染得不十分清淨了。很似我們衆生的心。本來是清淨的。現在一寄生到閻浮世界。便像樹影遮染月亮一般的不清淨了。心不清淨。便從身。口。意中。造出善業惡業等業來。由各種的業力感召成各種的因果。

爾時地藏菩薩摩訶薩。白佛言。世尊。我承佛如來威神力故。徧百千萬億世界。分是身形。救拔一切業報衆生。若非如來大慈力故。卽不能作如是變化。

解、這時候。地藏菩薩摩訶薩。對佛說。世尊。我承了佛。如來的威德和神通力量的緣故。能夠滿徧百千萬億的世界。分別現出這個身體。和形狀。救濟超拔一切受

了業報的衆生。倘若不是仗了如來大慈力的緣故。就不能夠做出像這樣的變化來了。摩訶薩。見前注

釋、前品聖母問地獄的時候。正是地藏菩薩受了佛的咐囑以後。還沒有對佛說完別的話。被聖母插嘴一問。地藏菩薩所以先回答他。粗說無間獄一段的情形。現在聖母問罷了。菩薩自然仍舊要對佛去說從前未說完的話了。威是四無畏。神是六神通。力就是十力。菩薩本是沒有這樣威力和神通的。現在他既然承受了佛的咐囑。所以佛就給他各種廣大的威力無窮的神通。和分身的變化。好使得他救盡業報的衆生。

我今又蒙佛付囑。至阿逸多成佛已來。六道衆生。遣令度脫。唯然世尊願不有慮。

解、我現在又承蒙了佛的付囑。一直到阿逸多成佛已來。六道裏面的衆生。都遣使我令他們度脫。唯然。世尊。願你不必有一種憂慮的心懷。

釋、阿逸多。翻中文叫無能勝。是彌勒佛的姓。唯然。是哦。是的。這樣應答的聲氣。

爾時佛告地藏菩薩。一切衆生。未解脫者。性識無定。惡習結業。善習結果。爲善爲惡。

逐境而生。輪轉五道。暫無休息。動經塵劫。迷惑障難。

解、這時候佛又告訴地藏菩薩說一切衆生。還沒有得到解脫的呢。他們的性理和意識。是沒有一定的。從惡習結成的業。從善習結成的果。一時會做善事。一時又會去做惡事的。這樣的做事。都是追逐着他們所際遇的環境而發生的。像車輪一般。旋轉在天。人。畜。鬼。獄。五道裏。沒有暫時休息的。一動就要經過微塵數的劫數。受了他迷惑住。障蔽住的苦難。

釋、阿羅漢。是小乘的解脫。佛是大乘的解脫。沒有修成證果。沒有解脫的人們。都是性識不定的。性有習慣性。理性二種。識也有這樣的二種。元體是隨着性識而轉變的。從貪瞋癡的惡習慣造成三惡道的苦果。從施。仁。慈。善習慣。造成人。天。二道的樂果。可憐我們被習慣障蔽了眞心的衆生。忽上天堂。忽落地獄。忽上忽落。像轆轤一般。旋轉不已的在五道裏面。受盡無窮的苦惱。雖經千萬劫也不肯覺悟的。一顆無明的妄心。追逐着一切虛幻的境界。一息不停的變動。障蔽住你本來所有的佛心。使你不能了生脫死。得着解脫。長劫的生在五道裏受種種苦。修羅道。業障更重。永不得解脫的。所以只說五道。

如魚遊網。將是長流。脫入暫出。又復遭網。

解、像魚在網裏遊戲着一樣。視作惡劣的習性。將以爲是得了長流水了。剛才有脫離的機緣。又跳入去了。暫想跳出羅網。又復遭遇着網羅了。

釋、魚。是比仿五道裏的衆生。網。是譬喻三界是籠罩住的網。因爲我們迷醉了的衆生。追隨着性識業力的遷流。見着一切虛僞的外境。不知擾亂了自己的本性。反轉像遊魚得着長流水一般的快樂。永遠不肯捨棄這可愛的長流水。就是永遠跳不出三界的羅網。唉。昏死了的魚呀。要知道這可愛的長流水。永遠籠罩在網的裏面的。請大家趕快跳出這羅網。在網外就是眞正的渟澄不涸的清淨水了。自然永不會再遭羅網的了。豈不是得到眞實的快樂麼。你若要出這羅網。就從此捨棄這可愛而虛妄的長流水。自然就可以跳出了。脫入暫出。是比喻行善的。雖是昇到天道。因爲是仍舊不知道跳出這三界的羅網。又復遭網。譬如天福享盡。而又墮在三惡道裏了。

以是等輩。吾當憂念。汝既畢是往願。累劫重誓。廣度罪輩。吾復何慮。

解、因爲有這一等類的衆生。當然使吾憂愁掛念。但你既然發了這種心。要了畢這從前所發的願。以及累劫所立的重誓。要廣大的度盡這一輩的罪苦衆生。我還有甚麼憂慮呢。

釋、佛因爲衆生的性識不定。所以很掛念的。現在地藏菩薩。既然親口承認了度這輩衆生的負擔。佛當然沒有憂慮了。

說是語時。會中有一菩薩摩訶薩。名定自在王。白佛言。世尊。地藏菩薩累劫以來。各發何願。今蒙世尊慇懃讚嘆。唯願世尊。略而說之。

解、說這樣話的時候。會中有位大菩薩。名叫定自在王。對佛說。世尊。地藏菩薩累劫以來。他各種所發的是什麼樣的誓願。現在蒙你世尊這樣慇懃的稱讚他嘆美他。他唯願世尊。約略的說一說。

釋、衆生性識不定。所以出入網羅。不得解脫。這位菩薩攝心入定。所以抉破網羅。得大自在。所以叫定自在王。因世尊在法會中。讚歎地藏菩薩。說他累劫發願。故有此問。累是一重一重的疊上去。表示回數很多的意思。

爾時世尊。告定自在王菩薩。諦聽。諦聽。善思念之。吾當爲汝。分別解說。

解、這時世尊告訴定自在王菩薩說。當心的聽。仔細的聽。聽罷了。好好的去思念。吾當然會給你分別解說的。

釋、地藏菩薩。有大誓願。大信力。方才能受領佛的話。因恐怕別的菩薩。不能領受。所以叫他要注重。不可輕忽的聽過。聽了還要好好的思念。那才可以得到一聞思修的三慧。佛叫菩薩。尙且要當心的諦聽思念。我們無智慧的衆生。豈不是要格外的當心諦聽。格外的留心思念麼。或者在此也可以得到一種智慧。竟而至於徹悟。也說不定的。

乃往過去無量阿僧祇那由他不可說劫。爾時有佛。號一切智成就如來。應供。正徧知。明行足。善逝。世間解。無上士。調御丈夫。天人師。佛世尊。其佛壽命六萬劫。未出家時。爲小國王。與一鄰國王爲友。同行十善。饒益衆生。

解、他乃是既往。已經過去的。無量數。千萬億數。不可以說盡的劫數以前。這時候有一尊佛。號叫一切智成就如來。應供。是成了佛。應該受天人的供養。正偏知。佛有正知正見。徧知法界的智慧。明行足。身業口業清淨隨意得萬行具足。善逝。卽是涅槃長揖三界。永脫輪回。世間解。佛世世出現世間都能解脫的。無上士。說佛的智慧無上。調御丈夫。說佛的化衆有度。佛度人天二道的衆生最多。所以說天人師。佛爲世上所共尊的。所以稱世尊。佛的壽命有六萬劫。他沒有出家的時間。曾做過小國的國王。給一個鄰國的國王做朋友同伴修行十善業。饒益當時許多的衆生。

釋、能知一切之智。稱一切智。分別有三。一是叫一切智。能成就二乘小果。二是叫道種智。能成就菩薩道。三是叫一切種智。能成就佛道。如來。是說很像古佛再來的意義。十善業。（前已注過）

其鄰國內所有人民多造衆惡。二王議計。廣設方便。一王發願。早成佛道。當度是輩。令使無餘。一王發願。若不先度罪苦。令是安樂得至菩提。我終未願成佛。

解、他的鄰國裏面。所有的人民。多數是造諸般惡業。一天兩個國王說起了這事情都想用一種計劃廣大的設立方便法子。議決了就都發起願來。一個國王說。願我早些成了佛道。應當來度脫這一輩的人民。要使得他沒有一個賸下。一個國王也發願說。倘若我不先度盡了應受罪苦的衆生。得到安樂。先成佛道。我終不願意成佛。

釋、發願有二種。一種是佛的發願。自己先成了佛。在後再度衆生。一種是菩薩發願。先度盡了衆生。而後自己方才成佛。

佛告定自在王菩薩。一王發願。早成佛者。卽一切智成就如來是。一王發願。永度罪苦衆生。未願成佛者。卽地藏菩薩是。

解、佛告訴定自在王說。一王發願。要早成佛的。卽是一切智成就如來。一王發願。要永久的先度盡罪苦衆生。不願意先成佛的。卽是地藏菩薩。

釋、一切修行。都以願爲先導的。發願的大小。都是從心的寬狹而來的。就是佛與衆生的心。也沒有什麼分別。凡夫不成佛。都是他自己的心裏不願意成佛。你想這個國王。一發願就成功。就可以知道了。

復於過去無量阿僧祇劫。有佛出世名清淨蓮華目如來。其佛壽命四十劫。

解、還有於過去的無量數的阿僧祇劫有一尊佛出世。名叫清淨蓮華目如來。他的壽命的長有四十劫。

釋、佛有三十二種好相。因為佛諸惡都斷淨了。衆德又都圓滿的。所以他的面。像淨滿的月亮一樣。他常常以慈悲的眼光。察看衆生。所以他的目睛像清淨的蓮花一樣。

像法之中。有一羅漢。福度衆生。因次教化。遇一女人。字曰光目。設食供養。羅漢問之。欲願何等。光目答言。我以母亡之日。資福救拔。未知我母生處何趣。

解、像法的中間。有一尊羅漢。用修行的福德。來度衆生。看他的因果依次的教化凡人。一天遇到一個女人。名字叫做光目。的恭敬的設了飯食。去供養他。羅漢問他。你願意要做怎樣的一等事情。光目回答說。我以母親死亡的一日。出資財為他修福。救拔他。但是不知道我的母親。現在生在什麼去處。在怎樣的趣向裏面。

釋。像法。是佛寂滅後。在正末二法的中間。所有塑畫的形像。羅漢是持鉢乞食。修行教化衆生的。所以也叫做乞士。目表定。光表慧。因定而有慧。從慧發光的。人拿了飯食施人。有五種功德。一施命。二施色。三施力。四施安。五施辯。卽是五福。

羅漢愍之。爲入定觀。見光目女母。墮在惡趣。受極大苦。羅漢問光目言。汝母在生作何行業。今在惡趣。受極大苦。

解、羅漢聽了他的話。就很憐愍他。爲他靜坐着入定觀察。見了光目女的母親。墮落在惡趣裏。受了極大的苦惱。羅漢就問光目女說。你的母親在生時。做了怎樣的行業。現今在惡趣裏。受了極大的苦楚。

釋、一切衆生所遭的橫禍兇惡。並非是天降的。都是過去現在自作自受的果報。現在見他的母親在無閒地獄裏。受了極大的苦報。所以一出定。就要問他活着的時候所做的行業。

光目答言。我母所習。唯好食噉魚鱉之屬。所食魚鱉。多食其子。或炒或煮。恣情食噉。計其命數。千萬復倍。尊者慈愍。如何哀救。

解、光目女回答說。我的母親。所有的習慣。專門歡喜噉喫魚鱉一類。所喫的魚鱉都是多啣喫他的子。或者炒或者煮。恣意縱情的啣喫。計算他的性命的數目。就是一千萬也還要加倍。尊者。發發慈悲。憐愍我。怎樣的可憐我。救救我的母親。

釋、我們所造的惡業。是很多的。但是殺業更爲重大。光目的母親。不但殺食魚鱉。還要專門喫他的子。一胞的子。爲數甚多。倘子生育起來。即是一條性命。子數多。即性命多。故說何止千萬。可知道他母親殺死這許多的性命。罪業自然大得不能比喻了。

附錄放生魚子的方法　佛說魚子不經鹽漬過。經過三年。還可以再活命。施愚山先生說。魚已經死了。將魚子輕輕的拿出勿損壞。勿着鹽。分攤在稻草把的上面。等他水迹少微乾一些。淺淺的埋藏在水邊的沙泥下。以免別的魚來呑喫。自然都可以活命了。但是埋藏的地方。切不可離水的。倘若在冬冷春寒的時間。用乾燥的泥塊搗成粉。將魚子拌裏了。晒暖了。好好收藏起來。積到陰曆四月十五以後。撒放在河灘的水草中間。沒有不都活的。其餘月份。隨時可以放的也更便當了。

羅漢愍之。爲作方便。勸光目言。汝可志誠念清淨蓮華目如來。兼塑畫形像。存亡獲報。

解、羅漢很愍憐的。爲他作出方便法子來勸光目說。你可以用志誠的心。念清淨蓮華目如來的名號。再去塑畫這佛的形像。生存和死亡的人。都可以獲得好的果報。

釋、念佛塑像畫像。就是哀救的方法。念佛是現生的自利利他。塑畫佛像是後世的自利利他。心所主持的。叫志。堅定的實意叫誠。無論何種善事。有了志誠心必成。沒有志誠心必壞。念一聲佛。可以消滅恆河沙數的罪業。禮佛一拜。可以增無量數的福。這都從志誠心中得來的。光目女能這樣。不但他母親可以脫地獄。就是他自己將來也會證成佛果的。所以說存亡獲報。

光目聞已。卽捨所愛。尋畫佛像。而供養之。復恭敬心。悲泣瞻禮。

解、光目女一聽這話。卽刻捨棄他所愛的物。售去得錢。就去尋人請他畫了佛像。而供養起來。又復生出志誠恭敬的心意。悲泣的瞻望着。恭敬的禮拜着。

釋、光目女。一邊想着母親的受苦。一邊想着佛對於衆生有這樣的恩德。所以要悲哀哭泣。感激涕零了。瞻了又拜。拜了再瞻。一片純孝之心。那裏消遣得去呢。

忽於夜後。夢見佛身。金色晃耀。如須彌山。放大光明。而告光目。汝母不久。當生汝家。

纔覺饑寒。即當言說。

解、忽然於夜間的後夢中見了佛的身體像黃金般的顏色晃曜着。又像須彌山放出大光明一般。告訴光目說。你的母親。不多久。應當生到你的家裏來了。方纔覺到饑寒。就會說話了。

釋、夢有四種。一是四大不和夢。二是先見夢。三是天人夢。四是想夢。他所夢的是後二種。晃曜是晃動照曜。光芒很足的模樣。生到他的家裏。是佛安慰他的願望。使他曉得母親的生處。

其後家內婢生一子。未滿三日。而乃言說。稽首悲泣。告於光目。生死業緣。果報自受。吾是汝母。久處暗冥。自別汝來。累墮大地獄。蒙汝福力。方得受生。爲下賤人。又復短命。壽年十三。更落惡道。汝有何計。令吾脫免。

解、以後他家內的婢女生了一個男子。未滿足三日。果然會說話了。見了光目。就稽了首。悲慘的哭泣着告訴光目說。生死作業的因緣果報。都是自受的。我是你的母親。長久的住在暗冥的地方。自從和你分別以來。累次的墮落大地獄裏。蒙你修福的力量。方才得着投生。做下賤人。又復很短命。年壽只有十三歲。死了還要墮落到惡道裏去。你有怎麽計策。令得我可以脫免了這罪業。

釋、生三天。就會說話。這都是仗佛力的冥護。在三界裏面的人。不論大小貴賤。都是隨着所作的業。而昇沉的。他人一些也替代不得的。殺生的果報有三種。一是短命。二是多病。三是墮大地獄。所以光目女的母親。有這樣的報應。

光目聞說。知母無疑。哽咽悲啼。而白婢子。既是我母。合知本罪。作何行業。墮於惡道。

婢子答言。以殺害毀罵二業受報。若非蒙福救拔吾難。以是業故。未合解脫。

解、光目女一聽了他的話。知道是他的母親無疑的了。哽咽悲哀的啼哭着。對婢女的子說。你既然是我的母親。應該知道你自己本來所作的罪業。是作了何種行業。墮落於惡道裏的。婢女的子回答說。我以殺害生命。謗毀咒罵二種的惡業。受這果報的。倘若不是蒙你替我修福。救吾的苦難。以這惡業的緣故。不能夠解脫的。

釋、喉聲未出。叫哽咽。放聲大哭。叫悲啼。身所犯的惡業。是殺業最重。口所犯的惡業。是毀罵最大。有這二種的重大惡業。自然應當墮入大地獄中受苦了。若沒有孝順的子女。替他念佛塑像修福。這重大的業報。那裏有解脫的期望呢。

光目問言地獄罪報其事云何。婢子答言。罪苦之事。不忍稱說。百千歲中卒白難竟。

解、光目問他說。地獄的罪報事情。你說給我聽聽。是甚麼樣的。婢女的子回答說。這樣的受罪受苦的事情。我也不忍心去稱說。倘若要說出來。就是一百年。一千年之中。也是說不盡的。

釋、他想起地獄的種種的苦毒。悲慘的事情。心先碎了。怎的還能說出口來呢。卽使要說出來。也是形容不出的。

光目聞已。啼淚號泣。而白空界。願我之母。永脫地獄。畢十三歲。更無重罪。及歷惡道。

解、光目聽罷。更加放聲的啼淚號泣起來。而望着天空說。唯願我的母親。永遠脫離地獄。完畢了十三歲的壽命。更沒有重大的罪業。以及不更經歷惡道裏去。

釋、號是大哭。因爲心裏悲痛之極。所以號咷大哭了。前說十三歲後。更落惡道。所以光目發願如此。

十方諸佛。慈哀愍我。聽我爲母。所發廣大誓願。若得我母。永離三塗。及斯下賤。乃至女人之身。永劫不受者。

解、光目繼續說。十方的諸位佛呀。請發發慈悲哀愍我。聽我爲我的母親所發的廣大的誓願。若得我的母親。永遠脫離了三途惡道。及這樣的下賤。乃至於連女人身也永劫的不再做受。

釋、求十方佛。是求恆河沙數世界的諸佛。表示他發願的廣大。使永劫不受女人身等。卽是使他自己的孝心。也永劫不消滅。雖有這種心願。但是也要求佛慈愍的護助他的。

願我自今日後。對清淨蓮華目如來像前。却後百千萬億劫中。應有世界所有地獄。及三惡道。諸罪苦衆生。誓願救拔。令離地獄惡趣。畜生餓鬼等。如是罪報等人。盡成佛竟。我然後方成正覺。

解、願我自從今日以後。對清淨蓮華目如來畫像的前面。却在後世的百千萬億的劫數中。應有的世界裏。所有的地獄。以及三惡道裏的諸類罪苦的衆生。發誓的情願去救濟超拔他們。令他們都脫離了地獄的惡趣。以及畜生餓鬼一等。像這樣應受罪報一等的衆生。都令他成了佛。我然後方才成佛。（正覺即是成佛）

釋、自今日以後。這是標發覺的初心。也是爲長者子。婆羅門女。鄰國王。光目女。四次的發大願行孝道。一樣的要度盡六道衆生先成佛。追根逐源。却是這末後一次。爲最先。可知初發心的功德。也是最大。餓鬼道。是很苦的。在無量千劫之中。也得不到漿水飲食的。他的咽喉像針一般細。腹又像山一般大。倘若得到一些飲食。一到腹裏。就變成火了。這都是世人慳貪錢財。不肯施舍窮人所得的果報。

發誓願已。具聞清淨蓮華目如來而告之曰。光目。汝大慈愍。善能爲母發如是大願。吾觀汝母十三歲畢。捨此報已。生爲梵志。壽年百歲。過是報後。當生無憂國土。壽命不計劫。後成佛果。廣度人天。數如恆河沙。

解、誓願發罷了。很具全的。聽得清淨蓮華目如來而告訴他說。光目。你眞的是大慈愍了。會想出這美善的方法來。爲了你母親發出這樣大的誓願。吾觀察你的母親。這十三歲的年壽完畢。捨棄了這報身。就到梵志的地方去。年壽也加長了一百歲。過了這梵志的報應後。應當生到無憂國土去。那壽命也長得算計不來的劫數了。然後再成佛果。廣大的度脫人道天道的衆生。像恆河沙一般的多。

釋、大慈愍是說他能度盡三惡道。善能是讚他發心的聰明。爲他母親發心是平常的。但現在發出這樣廣大的誓願來。求他母親消除罪業。譬如大水滅小火。還有不善的道理麼。現在命短的長了。下賤的高潔了。憂愁墮惡道的。不憂愁反得成佛果了。那種種善惡的轉變。不是仗光目大願的功德麼。梵志翻華文叫淨裔。是說清淨的裔族。無憂國土。卽是極樂世界。

佛告定自在王。爾時羅漢福度光目者。卽無盡意菩薩是。光目母者。卽解脫菩薩是。光目女者。卽地藏菩薩是。

解、佛告訴定自在王說。這時候福度光目的羅漢呢。就是無盡意菩薩。光目的母親呢。就是解脫菩薩。光目女呢。就是地藏菩薩。

釋、從前的小果。現在都是大菩薩了。連墮在地獄的罪女。也都做了菩薩。可知道行孝救度衆生的功德。正是大得不可以思議了。無盡意就是說誓願救度衆生的意思。是沒有窮盡的。

過去久遠劫中。如是慈愍發恆河沙願。廣度衆生。

解、在於過去的久遠劫中。都像這樣的慈愍發了恆河沙數的願。廣大的救度衆生。

釋、從發心起直到付囑以後。劫數是很長遠的那裏還量算得出呢。發慈悲心。是行善的根本。若是存心慈愍。所修的功德自然都會具足的。

未來世中。若有男子女人。不行善者。行惡者。乃至不信因果者。邪淫妄語者。兩舌惡口者。毀謗大乘者。如是諸業衆生。必墮惡趣。若遇善知識。勸令一彈指間。歸依地藏菩薩。是諸衆生。卽得解脫三惡道報。

解、還沒有未來的世間中。倘若有男子女人。不做善事。而做惡事的。乃至不相信因果的。邪淫妄語的。兩舌惡口的。毀謗大乘的。像有這樣諸般惡業的衆生。死了必定要墮落在地獄惡趣裏去的人。若遇到有善知識的人。勸令他在一彈指的時間。歸依了地藏菩薩。這諸多的罪惡衆生。就得着解脫三惡道裏的果報了。

釋、善惡的報應。像影隨形一樣。永不會分離的。倘若這人不信因果報應。一定會造出許多惡業來的。不信因果。就造了意業。邪淫是身造的惡業。兩舌惡口毀謗。都是口造的惡業。但是毀謗大乘的惡業。更加重得了不得。二十念爲一瞬。二十瞬名一彈指。這一彈指短促時間。就會解脫無量的諸惡業。這歸依地藏菩薩的功德力量。還可以說得盡麼。（邪淫妄語等前已注過）

若能志心歸敬。及瞻禮讚歎。香華衣服。種種珍寶。或復飲食。如是奉事者。未來百千萬億劫中。常在諸天。受勝妙樂。若天福盡。下生人間。猶百千劫。常爲帝王。能憶宿命。因果本末。

解、倘若能發志誠心歸依。敬重地藏菩薩。以及去瞻仰禮拜他。稱讚歎美他。用最好的香。最好的花。好的衣服。各種珍貴的寶貝。或用着清潔的飲食果品等。去供養他。像這樣子奉承他。服事他的人。死了以後。可以在未來的百千萬億的劫數中。常常生在諸重的天上。受最好最妙的快樂。倘若天福享盡了。再降下人間來。還可以在百千劫裏。常常做帝王。還能夠記憶明白他前幾世的命運。和因果本末的事情。

釋、平常的東西供養菩薩。功德也是很平常的。若用了最好的香花最貴重的珍寶。那末他的功德也最廣大了。致於瞻仰。禮拜。也都是這樣子的。你越是志誠恭敬。他的功德也越是廣大。

定自在王。如是地藏菩薩。有如此不可思議大威神力。廣利衆生。汝等諸菩薩。當記是經。廣宣流布。

解、佛叫着說。定自在王。因爲是這樣的。所以地藏菩薩有這樣子不可思議的大威神力。廣大福利罪苦的衆生。諸位菩薩。應當記住這部經。大家廣大的宣揚。流傳。散布這部經。

釋、佛趁了這機會。不但單獨的囑付地藏菩薩。連法會中的諸大菩薩。也都普徧的付囑過了。

定自在王白佛言。世尊。願不有慮。我等千萬億菩薩摩訶薩。必能承佛威神。廣演是經。於閻浮提。利益衆生。定自在王菩薩。白世尊已。合掌恭敬。作禮而退。

解、定自在王對佛說。世尊。唯願你沒有憂慮的心意。我等千萬億的大菩薩。必定都能夠承受了佛威福的神力。廣大的演說這部經。在於閻浮提地方。去利益他們的衆生。定自在王菩薩。對世尊說罷了。合了掌。很恭敬的作了禮。退回原坐了。

釋、那千萬億的大菩薩。都要承認來演說這部經。可知這部經的重要了。我們的閻浮提衆生。性識不定。造作惡業的更多。所以這部經能常在閻浮提中演說起來。衆生得他利益的也更多了。

爾時四方天王。俱從座起。合掌恭敬。白佛言。世尊。地藏菩薩。於久遠劫來。發如是大願。云何至今。猶度未絕。更發廣大誓言。唯願世尊。爲我等說。

解、這時候東西南北的四天王。都從坐位中立起來。合了掌。很恭敬的對佛說。世尊。地藏菩薩。從這久遠劫以來。發了這樣的大願。說什麽到現在還沒有把衆生度完。他還要發這廣大誓願的說話呢。唯願你世尊。爲我們說一說。

釋、四天王。是保護四大洲的東王。提頭賴吒。翻名叫持國。能維持國土。管領乾闥婆。（翻名義是、天帝的樂神。）富單那。（翻名、是說、主熱病的臭餓鬼。）南王。毗留勤叉。翻名叫增長。令人民善根增長。管領鳩盤茶。翻名是、夢魘鬼。薜荔多。翻名是、劣的餓鬼。西王。叫毗留博叉。翻名叫雜語。能說各種的話。管領毗舍闍。翻名是、啖精氣鬼、顛狂鬼。毒龍。有眼、聲、氣、觸、日毒。北王。名毗沙門。翻名多聞。是說福德的名聞於四方。管領夜叉。翻飛行鬼。羅剎。翻名、可畏的暴惡鬼。四天王。各有九十一子。名字都叫因陀羅。都有很大的神力。現在都在會聽說法。聽到地藏菩薩。自從久遠劫來發了大願。到現在還沒有度盡衆生。還要重發誓願。究竟還是願力的不堅呢。還是衆生的難度。所以要發問了。

佛告四天王。善哉善哉。吾今為汝及未來現在天人衆等。廣利益故。說地藏菩薩。於娑婆世界。閻浮提內。生死道中。慈哀救拔度脫一切罪苦衆生。方便之事。

解、佛告訴四天說。很好很好。我今天為你們以及未來現在的天人衆生等。演說廣大的利益的緣故。說這地藏菩薩。於娑婆世界閻浮提裏。生死六道的中間。慈悲哀愍的。救拔度脫一切的受罪受苦的衆生。行出方便的事情。

釋、第一善哉。是讚發問的善巧。第二讚天王護持世間六道之中。都有生老病死的苦楚。所以佛說。一切生在六道裏的衆生。是長期的在牢獄中。這牢獄包圍在十二重的城牆。三重的棘籬的裏面。還有六個。拔刀的賊監伺着。要想脫離這牢獄。是很難。很難的。十二重城。即是十二因緣。三重籬。即是貪。瞋。癡。六賊。即是色。聲。香。味。觸。法。因衆生不知道種種的解脫方法。所以又發起他慈悲哀愍的心。重新再想出方便的法子來。（十二因緣等等、彌陀經白話解內、說過大略、可以參閱、因限於册幅、不詳說了。）

四天王言。唯然世尊。願樂欲聞。

解、四天王說。哦。是的。世尊。我們極願意。極歡喜。要聽這話。

釋願樂欲聞。因爲要解決這疑問。很像渴思飲。饑思食一般的盼望。

佛告四天王。地藏菩薩。久遠劫來。迄至於今。度脫衆生。猶未畢願。慈愍此世罪苦衆生。復觀未來。無量劫中。因蔓不斷。以是之故。又發重願。

解、佛告訴四天王說。地藏菩薩。自從久遠的劫數以來。一直到現在。度脫衆生。還沒有完畢。他的願。是爲了慈悲憐愍這世界受罪受苦的衆生。再觀瞧還沒有來的無量數的劫中。他的作業的惡因。像蔓艸一般的延牽着。不肯斷絕。以是爲了這個緣故。所以又要發出重大的誓願來了。

釋、地藏菩薩。因爲衆生。終不肯斷絕惡因。至於去受地獄的種種慘報。現在他爲了可憐我們的衆生。來爲我們斷絕這蔓延不斷的惡因。所以又要重發誓願了。惡因是多得說不盡的。單拿一樣殺業來說。現在你殺死他。割喫他的肉。將來他殺死你。來割喫你的肉。像這樣的。怨怨相報。世世不會斷絕的。

如是菩薩。於娑婆世界。閻浮提中。百千萬億方便。而爲敎化。

解、因爲是這樣的。所以菩薩在於娑婆世界。閻浮提國土之中。設出了百千萬億的方便。而爲敎化衆生的事情。

釋、百千萬億方便。就是菩薩隨機化身。因人施敎的方法。

四天王。地藏菩薩。若遇殺生者。說宿殃短命報。若遇竊盜者。說貧窮苦楚報。若遇邪淫者。說雀鴿鴛鴦報。

解、佛叫着說。四天王。地藏菩薩。倘若遇着了有殺生的人。就給他說。這是宿世的禍殃。你將來要受短命報應的。若遇着竊賊和強盜。就給他說。你們這種人。將來要受貧窮苦楚報應的。倘若遇着了邪淫的人。就給他說。你將來要受投做孔雀。

鴿子。鴛鴦報應的。

釋、現在先說十惡業的果報。殺。盜。淫。都是身所犯的惡業。孔雀不喜正偶。和蛇交的。鴿子以雌乘雄的。鴛鴦不肯一息分離的。這都是鳥類的邪淫。

若遇惡口者。說眷屬鬥諍報。若遇毀謗者。說無舌瘡口報。

解、若遇着罵人的人。就給他說。你將來要受自己眷屬給你爭鬥諍訟的果報。若遇着了譏毀謗訕的人。就給他說。你將來要受啞子。或口上生瘡的報應的。

釋、惡口。謗罵。是口業。今世說大家的壞話。唆弄是非。使人家的家道不和。來世受自己眷屬的人諍訟你。爭鬥你。也是應該的。啞吧不會說話。和沒有舌頭一樣。禍從口出。口是毀身的利斧。所以說話最要檢點。切勿傷人。

若遇瞋恚者。說醜陋癃殘報。若遇慳悋者。說所求違願報。若遇飲食無度者。說飢渴咽病報。

解、若遇着了白着眼睛。發怒的人。就給他說。你將來要受容貌醜陋。身肢殘廢的報應。遇着了慳悋貪財的人。給他說。你將來要求謀衣食等事情。要受違你的心願的報應。倘若遇着了飲食沒有節度的人。就給他說。你將來要受飢餓口渴。生咽喉病的報應。

釋、瞋恚慳悋。都是意犯的業。現在世上所有的身體殘廢醜陋的人。都是前世怒目發火的人現在貧得沒有衣食的乞丐。都是前世有錢的人。還要貪財。不肯施捨僧道貧寒。的報應。飲食都有一定的。倘若隨時濫喫。或是飲食時候過度。不但死了落地獄。就是現世也要犯喉症。氣噎病死的。

若遇畋獵恣情者。說驚狂喪命報。若遇悖逆父母者。說天地災殺報。若遇燒山林木者。說狂迷取死報。若遇前後父母惡毒者。說返生鞭撻現受報。若遇網捕生雛者。說骨肉分離報。

解、若遇着畋獵恣情的人。就給他說。將來你要受驚嚇瘋狂喪命的果報。倘若遇着了違悖忤逆父母的人。就給他說。將來你要受天地的不容。犯劈殺的報應。若遇着了放火燒山林草木的人。就給他說。你將來要受癲狂癡迷自殺取死的報應。若遇着從前父母。或是後來的父母。兇惡恨毒的。鞭撻非親生的兒女。就給他說。你將來投生來做他的兒女。也要受他這樣鞭撻的報應。若遇着了用網捕捉魚鳥雛卵的人。就給他說。你將來也要受骨肉分離的報應。

釋、伏羲氏。敎民畋獵。是叫百姓保護畋畝的種植。驅逐野獸。現在一般人。爲貪口腹的滋味。任情的去殺死他。豈不是要還報的麼。不管他是生身的父母。不是生身的父母。是父母。都要一概平等。如同天地一樣的恭敬。不論他是親生的兒女。不是親生的兒女。是兒女。終要一律平等的愛護。倘若忤逆父母。不愛子女。這報應都是很兇毒的。山林草木之間。有無數的生命藏蟄着。你若放火一燒。這無數的生命。不是都給你慘殺了麼。不但是一生狂迷取死。直等到還滿性命方才罷休。老小的魚。老小的鳥。都很快樂的聚在一塊兒。給你用網罕等一捕捉。都驚散了。你現在離人家的骨肉。將來天就來離你的骨肉。

若遇毀謗三寶者。說盲聾瘖瘂報。若遇輕法慢教者。說永處惡道報。若遇破用常住者。說億劫輪迴地獄報。若遇汚梵誣僧者。說永在畜生報。

解、若遇着了毀謗三寶的人。就給他說。你將來要受做瞎子聾子。瘖瘂人的報應。

若遇着了看輕佛法。欺慢佛教的人。就給他說。你死了要永久的住在惡道裏受報應的。若遇着了破壞挪用常住東西的人。就給他說。你將來要在億萬劫的輪迴。和地獄裏受報應的。若遇着汚瀆梵行。怨誣僧伽的人。就給他說。你將來要受永生做畜生的報應。

釋、佛如醫王。法如良藥。僧如治病人。別的都可以救治。惟有這起了謗毀三寶惡毒的病。一切諸佛都沒有救治你的方法了。只好任你去入惡道受苦。等到轉世來。還是一個又盲又聾的瘂人。使你永不得見。永不得聞。永不得讚三寶。以下各種的罪業報應。都很重的。

若遇湯火斬斫傷生者。說輪迴遞償報。若遇破戒犯齋者。說禽獸飢餓報。若遇非理毀用者。說所求闕絕報。若遇吾我貢高者。說卑使下賤報。若遇兩舌鬬亂者。說無舌白舌報。若遇邪見者。說邊地受生報。

解、若遇着用滾湯猛火泡炙生物的毛羽。或斬他的頭。或斫他的脚。像這樣殺傷生物性命的人。就給他說。你將來轉世來。照樣的要受這報應的。若遇着破戒偷及閒居享福的富家子弟等人。這都是應該做布施的人。爲什麼呢。因爲這般享福的人。都是前世做布施修來的。像這駝子。啞子。癡子。聾子。瞎子等等肢體不完具的殘廢者。因爲他們前生只貪自己享樂。不肯布施貧窮殘廢。見人家做布施。還要譏笑。使人家不信。所以現在得到這種苦報應。

是國王等。欲布施時。若能具大慈悲下心含笑。親手徧布施。或使人施。輭語慰喻。是國王等。所獲福利。如布施百恆河沙佛功德之利。

解、這國王大官一等的人。要布施的時間。倘若能夠具足了大慈悲的心意。自然肯屈尊就卑。降下自高的心。含着慈悲的笑容。親手的普徧的去布施。或者差使用人代去布施。也要叫他用了和輭的說話。去安慰他們。像這國王一等的人。所獲得的福利。像布施了恆河沙數佛的功德。和利益。還要加一百倍哩。

釋、這是佛教我們行布施時的方法。凡是布施。從自身的慈悲心。憐愍心發出的。這方才是眞正的布施。也方才肯降下尊貴的品格。去謙就下賤。內存慈悲心。外現慈悲相。含着笑容一些不吝惜的。親手去布施。或在別的地方叫用人去布施。

薩行百千種的方便而教化他們的

、釋果有三種。一是果報果。一死就落地獄。二是習氣果。投生人間。受短命邪見的報應。三是增上果。是自心專造十罪業的。對於一切的外物。沒有惡習。造業有四種報。一是現報。（是今身作業、今身受報。）二是生報。（今身作業、來世的後身受報。）三是後報。（今生作業、後二三世受報。）四是無報。無報也分四種。一是時定報不定。（時已決定、報還可以轉改、故不定）二是報定時不定。（業報已決定、但是時間還可以轉改故不定。）三是時報俱定。（業也定、時也定。）四是時報俱不定。（因業沒有決定、所以時報都難決定。）衆生的作業。有先起念而後去作的。名作具足。倘若先不起念直接的作去。名叫作事不具足。所以有時報俱定的。時報不俱定的分別。

是諸衆生。先受如是等報。後墮地獄。動經劫數。無有出期。是故汝等。護人護國。無令是諸衆業。迷惑衆生。

、解。這諸般衆生。先受了像這樣一等的果報。在後墮入地獄。動經劫數。一時沒有出獄的期限。因爲是這樣的。你們要保護人保護國土。不要令這諸般罪業。迷惑了衆生。

釋。囑咐四天王。叫他保護衆生。不使衆生迷惑。卽是叫他保持衆生養心的四諦。因爲衆生。從見。思。的迷惑。毀壞內心的淸淨境界。心王逃亡。六賊擾亂。就任意的造作惡業了。

四天王聞已。涕淚悲歎。合掌而退。

解、四天王聽罷了。流出涕淚。都很悲歎的。合了掌。退下原座位。

釋、心本來是空寂無爲的。奈衆生都是庸人自擾。妄作妄爲。所以要涕淚了。作了業。要受動經劫數的地獄。怎的不使人悲歎呢。

地獄名號品第五

解、地藏菩薩說地獄的種種名號。這是本經的第五品。

釋、前次說的業緣品。是思惑業感品。是報應這品。是苦楚。地獄所在的地方和情形。前面已經大略的說過了。總之聰明的人。對於各種的環境都是曠達歡喜的。就處處成了天國。愚癡的人。對於各種的環境。都是憂愁煩惱。纏擾不絕。處處就成地獄。不但死了墮地獄。現生也活受地獄的痛苦。

爾時普賢菩薩摩訶薩。白地藏菩薩言。仁者。願爲天龍四衆。及未來現在一切衆生。說娑婆世界。及閻浮提。罪苦衆生。所受報處。地獄名號。及惡報等事。使未來世末法衆生。知是果報。

解、這時候普賢大菩薩。對地藏菩薩說。慈仁的。情願希望你。給天龍四天王。以及未來現在的一切衆生。說這娑婆世界。以及閻浮提衆生。應該所受報應的地方。各種地獄的名號。以及惡報一等的事情。使那未來世的末法衆生。知道這樣的果報。

釋、普賢。是說他能周徧施法。賢與佛等。仁者。是慈育的尊稱。地獄名號。普賢菩薩雖然知道。但是天龍衆生。還沒有明白。所以要他說說。

地藏答言。仁者。我今承佛威神。及大士之力。略說地獄名號。及罪報惡報之事。仁者。閻浮提東方有山。號曰鐵圍。其山黑邃。無日月光。有大地獄。號極無間。又有地獄。名大阿鼻。

解、地藏菩薩回答說。仁者。我如今承了佛的威神。以及大士的願力。簡略的說說地獄的名號。以及犯罪的果報。作惡的果報的事情。仁者。閻浮提的東方。有一座山。名號叫做鐵圍。他這山黑暗深邃。沒有日月光照着的。有一重大地獄。名叫極無間。還有一重地獄。名叫大阿鼻。

釋、地獄是四處都有的。因爲我們閻浮提在東方。所以單說東方的地獄。無間。阿鼻。兩大地獄。都設在一個地方。犯罪受報的苦楚。也很相同的。無間獄前已說過了。現在單說阿鼻獄。這獄橫直都八千由旬。七重鐵城。七層鐵網。刀林劍林等。也各有七重。裏面還有十八重寒冰等獄。

復有地獄。名曰四角。復有地獄。名曰飛刀。復有地獄。名曰火箭。復有地獄。名曰夾山。復有地獄。名曰通槍。復有地獄。名曰鐵車。復有地獄。名曰鐵牀。復有地獄。名曰鐵牛。復有地獄。名曰鐵衣。復有地獄。名曰千刃。復有地獄。名曰鐵驢。復有地獄。名曰烊銅。復有地獄。名曰抱柱。復有地獄。名曰流火。復有地獄。名曰耕舌。復有地獄。名曰剉首。復有地獄。名曰燒脚。復有地獄。名曰啗眼。復有地獄。名曰鐵丸。復有地獄。名曰諍論。復有地獄。名曰鐵鈇。復有地獄。名曰多瞋。

解、附設在阿鼻地獄中的。還有地獄。名叫四角。四壁都是燒紅的鐵壁。上面落下來的鐵火像密雨一般。把罪人都燒得化爲灰燼。還有地獄。名叫飛刀。也叫做刀輪。四面都是刀山。空中有八百萬億極大的刀輪。旋轉落下。也像雨點一般。一着罪人的身。就首足分離。肌肉狼藉了。還有地獄。名叫火箭。有萬億數的鐵弩鏃頭。百億的鋒刃。鐵緦一開動。同時張發。一枝枝都射入罪人的心裏。還有地獄。名叫夾山。無數的犯人。怕入地獄。逃入山間。前後自然的起火。兩山也自然的夾合磨轉。一時流血成河。骨肉都糜爛盡了。還有地獄。名叫通槍。槍是一種剡木的兵器。穿通罪人的胸背。還有地獄。名叫鐵車。用火燒紅了鐵車的車輪。碾研罪人。還有地獄。名叫鐵牀。火燒紅的鐵牀。罪人睡着。身體焦爛了。還有地獄。名叫鐵牛。許多鐵鑄的火牛。見了罪人。或用角觸。或使蹄踏。還有地獄。名叫鐵衣。有千萬的赤鐵袈裟。以及衣服。從空落下。各各纏裹罪人。皮肉筋骨都焦爛了。還有地獄。名叫千刃。罪人坐大劍床上。百億的劍刃都出火。燒刺他的身體。空中有刀。從上而下。直劈頭頂。身體碎裂。做數千段。還有地獄。名叫鐵驢。（前已註過）還有地獄。名叫烊銅。（前已註過）

還有地獄。名叫抱柱。罪人一抱緊銅柱。鐵網自然纏絡他的頸項。剎時銅柱火發。身體焦焚。還有地獄。名叫流火。遍處火燒。絕無出路。獄卒拿了火燒的鐵杵。擊破罪人的頭顱。還有地獄。名叫耕舌。牽住罪人的舌頭。將罪人當作了耕牛。去犂別的罪人。還有地獄。名叫剉首。用刀斧斬截。解剝罪人的頭。還有地獄。名叫燒脚。罪人所站踏的地方。很像烊化的蠟塊。他的脚隨踏隨焦爛。或有沒到膝蓋的。或有沒到肚臍。沒到頸項的。還有全人盡沒的。還有地獄。名叫啖眼。鐵鷹飛來。爪住罪人的肩膀。啄啖他眼珠內的水。還有地獄。名叫鐵丸。（前已註過）還有地獄。名叫諍論。罪人都生了鐵爪。鋒刃很像半月。時刻瞋怒。自相搏殺。還有地獄。名叫鐵鈇。鈇是利斧。斬腰的罪具。還有地獄。名叫多瞋。因瞋發怒。互相殘殺。

釋、僧人聞了婦女的歌舞戲笑。心生愛染。以及世人喜歡殺生。叫人殺生。斬斫動物的手脚。割他的背肉。死了墮四角地獄。若有聚人鬭戰。肆意殺害的人。死了就墮飛刀地獄。愚癡的人。爲了貪慾的緣故。不孝父母。不敬師長。不聽順良善的教化。叫人殺害動物。飼養奸人。就墮火箭地獄。惡業作得多了。就墮夾山地獄。殺生害命。更加鬬戰。就墮通槍地獄。愛染邪淫。貪多女色。就墮鐵床銅柱地獄。僧人不着袈裟。愛穿常人衣服。就落鐵衣地獄。世人不順從法師的教訓。不知道報恩供養。害師。罵師。打師。殺師。做了非法的事。不知道慚愧。剎壞佛像。破壞寺塔。殺伯叔父母兄弟姊妹。死了就墮千刃地獄。有了大勢力的人。虐待人民。死了就墮流火地獄。有人打破魚。蛇。蜈蚣等的頭。就墮剉首地獄。拿捉有性命的一切動物。抛置火中。熱灰中。熱湯中。或有偷奸人家的妻女。不守世上的理法。出家破戒。這一等人。一死就墮燒脚地獄。貪飲酒的人。就墮噉眼地獄。貪欲嫉妒。多起瞋怒。就墮諍論多瞋地獄。利口的人。常出惡言。贊不善的人。謗良善的人。就墮鐵鈇地獄。

地藏白言。仁者。鐵圍之內。有如是等地獄。其數無限。

解、地藏菩薩說。仁者。鐵圍山的裏面有像這樣一等的地獄。他的數目。是多得沒有限量的。

釋、一一的地獄中。所附設各種的小獄。是說不盡的。終是凡夫妄起了愛取的心。將本來無爲的境界。強取作有爲的境界。故此生出了苦樂的報應來。

更有叫喚地獄。拔舌地獄。糞尿地獄。銅鑠地獄。火象地獄。火狗地獄。火馬地獄。火牛地獄。火山地獄。火石地獄。火床地獄。火梁地獄。火鷹地獄。鋸牙地獄。剝皮地獄。飲血地獄。燒手地獄。燒脚地獄。倒刺地獄。火屋地獄。鐵屋地獄。火狼地獄。

解、在這無間阿鼻二大地獄的裏面。還有叫喚地獄。這地獄。是八熱獄中的第四叫喚。第五大叫喚獄卒捉了罪人。擲入大鑊中。用熱湯沸煑。又提到大鏊盤裏。反覆煎熬。所以痛得號哭叫喚。拔舌地獄。獄卒用鐵鉤鉤開罪人的口。拔取出他的舌頭。用稱鉤鉤住。糞尿地獄。受罪的人。都漂沒在糞堆。尿河之間。穢臭不可聞受。銅鑠地獄。把大鐵鍊。繫鎖罪人的頸項。一端繫住鐵山。叫他負走。火象地獄。象徧身赤火。追燒罪人。火狗地獄。熱沸灰河的兩岸。所有的諸狗。身都紫黑色垢膩得很可怕。把獄裏的罪人身上的肉。塊塊咬喫。火牛火馬地獄。牛馬身上一縱火。便盡力的去追逐獄裏的罪人。都給他踏死。觸死。焚死。火山地獄。兩山都是火。罪人入山內。兩山自會相合。磨打化成虀粉。火石地獄。將罪人放在燒熱的鐵石上。再拿了別的鐵石。壓覆在罪人身上。便細細的磨研。膿血流出。髓骨也化作灰末。火床地獄。（合鐵床獄同）火梁地獄。把罪人懸在火樑上燒焚。火鷹地獄。（同鐵鷹地獄）鋸牙地獄。把罪人用黑鐵繩綁直用鋸鋸破身體。破而再破身體破完再破齒牙。剝皮地獄。先把罪人的皮剝下。再一塊塊割他的肉。堆在他的皮上。飲血地獄。獄裏有許多的惡虫。咬喫罪人的血肉。還要咬喫他的筋髓。燒手燒脚地獄。八熱獄裏面的第六燒炙。第七大燒炙。統身都燒。皮肉焦爛。這獄單獨燒他的手足。倒刺地獄。裏面有火燒的大鐵樹。刺長十六寸。獄卒牽拖罪人上樹。樹刺皆向下。牽拖罪人下樹。樹刺便會向上。經了幾次的拖牽。皮肉都割盡了。火屋鐵屋地獄。把罪人都關在大鐵屋內。再縱火焚燒。罪人無處可逃。便都焦爛灼死。火狼地獄。粗惡的火狼。渾身是火。撲逐罪人。脚踏。口咬。塊塊喫盡。

釋、墮落叫喚地獄。是瞋恚懷毒。造諸般惡業。習種種邪見的報應。墮拔舌糞尿銅鑠等地獄。是行梵志一等人。是法說非法。非法說是法。犯了戒不肯懺悔的報應。墮火狗獄。是養蠶煮食的報應。墮火牛火馬獄。是邪行淫欲的報應。墮火山火石等地獄。都是多作罪業的報應。墮鋸牙地獄。是口中作惡業的報應。墮剝皮地獄。

是做屠膾業的。專門殺豬。羊。牛。鹿。以活自己的命。或者。專做捕捉魚鳥等生活的報應。墮飲血地獄。是偷盜邪淫的報應。墮燒手脚地獄。是貪口腹的滋味。殺害生靈。斷手斷足。炮燒羔炙的報應。墮倒刺地獄。是邪淫的婦女。或婦人欺侮夫主。違背夫主。再加各種增上的惡業受這報應。墮火屋等獄。皆是自己作業的報應。

如是等地獄。其中各各復有諸小地獄。或一或二或三或四。乃至百千。其中名號。各各不同。

解、像這樣一等的。各種地獄之中。還有各種的諸般小地獄。或附一種。或附二種。或附設三四種。乃至於附入百千種。其中的名號。也是各各不同的。

釋、各種的地獄裏。還有許多的小地獄。做他的附屬。這地獄還可以說得盡麼。

地藏菩薩告普賢菩薩言。仁者。此者皆是南閻浮提行惡衆生業感如是。

解、地藏菩薩告訴普賢菩薩說。仁者。這樣的都是南閻浮提行惡衆生的業力感召得像這樣的。

釋、菩薩常指閻浮衆生。是因爲閻浮衆生。習性紛亂。隨環境習惡業。不肯行善。積了種種的惡業。然後造成種種的地獄。

業力甚大。能敵須彌。能深巨海。能障聖道。是故衆生。莫輕小惡。以爲無罪。死後有報。纖毫受之。父子至親。歧路各別。縱然相逢。無肯代受。我今承佛威力。略說地獄罪報之事。唯願仁者。暫聽是言。

解、而且這業力很大的。高大能夠比須彌山。深沉可以比深的巨海。還能障蔽住佛的聖道。是爲業力有這樣大的緣故。所以叫衆生勿看輕了小惡。以爲是沒有罪的。要知道。死後的報應。是纖毫都要受的。父子雖然是至親。到了受報時間。也分歧了。各走各的路。各有各的分別。倘若給你碰見了。也是不能代受的。我今朝承了佛的威力。約略的說說地獄罪報事情。唯願你仁者。暫時聽我這話。

釋、業力要比須彌山還高。比大海還深。甚至於還能障蔽住無邊的佛法聖道。你想世人的業力。大得可怕不可怕呢。我們凡人一日一夜有八億四千萬的起心動念。念念不息。一念有一念的因緣報應。惡念得惡報。善念得善報。如影隨形。一些也不訛的。念尚有報應。何況身爲小惡呢。善積得多了。一死就昇上天。惡積得多了。一死就墮地獄。自作自受。一些不能方便。赤條條一個人來。還是赤條條一個人去。說甚麼。父母。兄弟。妻子。朋友。幫不得一些忙。作不得一些主。總而言之。萬法都從心生。萬法也都從心滅。能夠到了不生不滅的境界。佛心自然發現了。心念迷亂了。障住佛心。作了諸不善的事。就積成了無形無相的惡業。經裏說、業有形相、太虛空不能容受。將來受地獄惡報。切勿以爲業是見不到的任意作惡。

普賢答言。吾已久知三惡道報。望仁者說。令後世末法一切惡行衆生。聞仁者說。使令歸佛。

解、普賢回答說。吾所以曉得你久已知道三惡道的果報。希望仁者說這話。令後世的末法時候。一切惡行的衆生。聽了仁者的話。使令他歸依了佛。

釋、普賢菩薩。曉得地藏菩薩是地獄裏的教主。是已經久遠的了。現在地獄裏的教主。來說地獄的情形。衆生聽了。一定很相信的。既然有了信心。那麼勸他們歸依了佛。免得受地獄中的罪。

地藏白言。仁者。地獄罪報。其事如是。

解、地藏菩薩說。仁者。地獄的罪報。他的事情。是像這樣子的。

釋、這幾句。是證實這種種地獄的形狀。實在是這樣的。好使衆生堅信無疑。

或有地獄。取罪人舌。使牛耕之。或有地獄。取罪人心。夜叉食之。或有地獄。鑊湯盛沸。煑罪人身。或有地獄。赤燒銅柱。使罪人抱。或有地獄。使諸火燒。趁及罪人。或有地獄。一向寒冰。或有地獄。無限糞尿。或有地獄。純飛鏃鏫。或有地獄。多攢火槍。或有地獄。唯撞胸背。或有地獄。但燒手足。或有地獄。盤繳鐵蛇。或有地獄。驅逐鐵狗。或有地獄。盡駕鐵騾。

解、還有地獄。拔取了罪人的舌頭。用牛去耕犂他。還有地獄。在灰河中的劍樹中間。羅剎用鐵叉叉出罪人的心。叫夜叉去吃。還有地獄。有五百個羅剎。鼓大石灰。燒大銅鑊。燒沸了湯。去煑罪人。一息身體都消爛了。用叉撩出喂鐵狗喫。喫了嘔吐。罪人又活。再捉入鑊裏燒煑。還有地獄。用諸般火去燒焚追逐罪人。還有地獄。一向都沉埋在寒冰裏。縱廣有二萬里。風吹寒冰。透入骨髓。便死了。還有地獄。是無限的沸糞獄。分有十八隔。每隔八千由旬。隔中都有四壁。還有百萬億的劍樹。

都生鐵虫。口吐熱屎。罪人飲了屎。這虫就嘬他的舌。噉他的心。還有地獄。罪人落在黑暗中。有鐵烏嘴距又長又利。從山上飛來。抓啄罪人。罪人急得亂跑。脚下的熱鐵鏃鏫。又刺痛得穿骨徹髓。這樣的要經過百萬億歲。現在說純飛。大約滿獄都是。多攢火槍。與通槍相同的。不過他還加多一種火。還有地獄。獨擊撞罪人的胸背。還有地獄。但燒手脚的。守獄的叫罪人拿了熱鐵斛。去量火。好使得罪人燒手燒脚。鐵蛇。鐵狗同前一樣的。鐵騾地獄。是人變了騾。用火焚燒。或騎在騾上燒灼。

釋、犯了兩舌。惡口。妄語。綺語。謗毀三尊。死了就要落拔舌獄。偷盜了師長父母罪因的緣故。落取心地獄。若專做生蟹投糟。養了魚造膾。刺血生吞。湯殺鱔鱉的事。死了落鑊湯地獄。抱銅柱前註過 心懷苛刻。瞋恨他人。死了落火燒地獄。心生怨恨結毒解化不開。死了落寒冰地獄。破壞八齋戒。穢褻神物座前。以及佛像佛經等書籍。死了就落糞尿地獄。獵殺飛禽。落鏃鏫地獄。火槍撞胸等獄。是背後毀人用器物擊人的報應。鐵騾地獄。是當廚的僧人。私下留食自喫。不平均的分與他僧。死了落地獄。化作騾身。受火焚的苦楚。鏃鏫是一種三角式。多刺的東西。

仁者。如是等報各各獄中有百千種業道之器。無非是銅是鐵是石是火。此四種物。衆業行感。

解、仁者。像是這一等的報應。各式各種的獄中。有百千種的業道裏用的器具。無非是銅。鐵。石。火。這四種東西。也是衆生造業行惡。所感召成的。

釋、地獄各種的罪具。本是沒有的。都是衆生作惡造業。所感成的。銅鐵石等的比喻衆生造惡。同他一樣的堅利頑劣。不肯改悔。火是喻造惡的猛力。惡事若不消滅。便會像火一般。到處蔓延的。

若廣說地獄罪報等事。一一獄中。更有百千種苦楚。何況多獄。我今承佛威神及仁者問。略說如是。若廣解說。窮劫不盡。

解、倘若要廣大的說地獄罪報一等事情。那麼一種一種的獄中。每一種獄裏。還有百千種的苦楚。何況有這許多的獄呢。今天我承了佛的威神。及承仁者的詢問。我大略的說說。是這樣的。若廣大的解說起來。就是窮盡了這一劫。也是說不盡的。

釋、一切的地獄。本來是沒有的。因爲衆生不知道守戒。妄起了貪。瞋。癡。的惡念。演出種種殺。盜。淫。等惡業。所感成的。而且心中起念的業力。本來同畫師一樣的。自己心和身。作諸般的業。就是自己去畫成演成了諸般的地獄。預備死了。去自己受罪。因爲我們衆生所作的惡業。是多得無窮盡說不盡的。所以地獄也是多得無窮盡說不盡了。

如來讚歎品第六

解、如來稱揚讚歎地藏菩薩的大力救護事。這是本經的第六品。

釋、如來是指釋迦牟尼佛。因爲地藏菩薩的大慈悲。救護我們的衆生。利益我們的末法衆生。他的功德很大。我們凡夫是都不曉得的。現在佛告訴給我們聽了。好曉得他。對於我們的末法衆生。有這樣的慈悲。這樣的利益。他未說以前。就自然的先讚歎起來了。我們聽了佛說出他救護利益的慈悲以後。自然也要讚歎他的大恩德了。

爾時世尊。舉身放大光明。徧照百千萬億恆河沙等諸佛世界。出大音聲。普告諸佛世界一切諸菩薩摩訶薩。及天龍鬼神人非人等。聽吾今日稱揚讚歎地藏菩薩摩訶薩。於十方世界。現大不可思議威神慈悲之力。救護一切罪苦之事。

解、這時候世尊舉起徧身所有的手足等等。都放出很大的光明來照徧了百千萬億恆河沙等。諸佛所在的世界。從光中更放出很大的音聲。普徧的告訴諸多世界。一切諸位大菩薩。以及天龍鬼神人非人等。聽吾今天稱揚讚歎地藏菩薩大菩薩。在於十方世界。發現大得不可以思議的威神慈悲的力量。救護我們一切衆生。罪苦的事情。

釋、舉身的放光。是足十趾。兩踝。膝。蹲。脞。腰。腹。背。臍。心。胸。肩。臂。指。項。口。齒。鼻孔。眼。耳。毫。相。肉髻。各各放出六百萬億的光明。照遍十方恆河沙數諸佛的世界。在這光明之間。又放出大聲音。這音聲淸徹深遠。使人聽了和悅敬愛。因爲人的外面引透力。最強的就是眼耳。但眼見的。不及耳聽來得深入。所以如來叫你們收視反聽。聽他在光中讚歎。好使這十方諸佛世界。以及那天龍八部。人非人等。統統來稱揚擁護這一部經。衆生有了這原因。可以感動地藏菩薩。菩薩有了這機緣可以來應化。救度我們的罪苦衆生。

吾滅度後。汝等諸菩薩大士。及天龍鬼神等。廣作方便。衛護是經。令一切衆生。證涅槃樂。

解、佛繼續說。吾滅度了以後。你們諸位菩薩。和大士。以及天龍鬼神等。廣大的作出種種的方便。保衛守護這部經。令一切的衆生。證得涅槃的快樂。

釋、滅度是佛救人的責任有人負擔了。應身將滅的意思。汝等。是指在會的一切大衆。以及光音所及的十方諸世界的。一切佛菩薩等。廣作和方便。是菩薩救度衆生的二大利器。不可以一息分離的。這部經是衆生的對症良藥。能在這經裏悟道。沒有一人不度脫的。所以更要加意衛護。涅槃樂。是不生不滅。一種靜寂的快樂。

說是語已。會中有一菩薩。名曰普廣。合掌恭敬。而白佛言。今見世尊。讚歎地藏菩薩。有如是不可思議大威神德。唯願世尊。爲未來世末法衆生。宣說地藏菩薩。利益人天因果等事。使諸天龍八部。及未來世衆生。頂受佛語。

解、佛說罷了這話。會中有一位菩薩。名叫普廣。合了掌。恭敬的對佛說。今天見世尊。讚歎這地藏菩薩。有這樣子的。想不到說不出的大威力的神通福德。唯願你世尊。爲未來世的末法衆生。宣揚演說這地藏菩薩利益人道天道。因果一等的事情。使諸般的天龍八部。以及未來世的衆生。頂戴聽受了佛的言語。

釋、佛這樣的讚歎。所以普廣要代衆生請問佛了。待佛說出了以後。可以使得衆生都起了信仰心。如法的去修持。好使感應了地藏大士。一一的都來度脫。從心發智。智滿法界。叫做普。行滿虛空。叫做廣。合掌是身業。恭敬是意業。白佛言是口業。三業淸淨。自然志誠了。

爾時世尊。告普廣菩薩。及四衆等。諦聽諦聽。吾當爲汝。略說地藏菩薩。利益人天福德之事。

解、這時候世尊告訴普廣菩薩。及天龍四衆等說。當心的聽。當心的聽。吾應當給你們大略的來說說地藏菩薩。利益人道天道的福德的事情。

釋、囑咐我們當心的聽。當心的聽。重說兩句。是說這不可思議威神慈悲的事。是窮劫也遇不到的。所以要這樣子慎重。福。是天神保佑善人。德。是人應有的正大的善行。所以每月的六齋日。能喫素淨心念地藏菩薩。可以得到無窮盡的福德。

普廣白言。唯然。世尊。願樂欲聞。

解、普廣對佛說。哦。是的。世尊。我很願意要聽你說這話。

釋、願樂欲聞。是表示一種早已盼切要想聽的意思。

佛告普廣菩薩。未來世中。若有善男子善女人。聞是地藏菩薩摩訶薩名者。或合掌者。讚歎者。作禮者。戀慕者。是人超越三十劫罪。

解、佛告訴普廣菩薩說。未來世的中間。倘若有行善的男子。行善的女人。聽了這地藏菩薩大菩薩的名號的人。或有合掌恭敬的。讚歎的。禮拜的。戀慕的。這些人就可以超越過三十劫的罪業。

釋、專修善事。不作惡業的男女。都稱做善男子。善女人。聽了地藏菩薩的名。合了掌恭敬。追想他歷劫行孝救苦的慈悲大願。就可以超過三十劫大罪了。若聽了他的名號。就稱揚讚歎。展轉的宣傳。這是口的功德。或聽了他的名。就禮拜奉行。這是身的功德。或聽了他的名號。就戀慕繫念。這是意的功德。只要有一種功德。就都可以照樣的超過三十劫大罪。尤其是宣傳最要緊。不宣傳人家那裏能知道呢。

普廣。若善男子善女人。或彩畫形像。或土石膠漆。金銀銅鐵。作此菩薩。一瞻一禮者。是人百返生於三十三天。永不墮於惡道。假如天福盡故。下生人間。猶爲國王。不失大利。

解、佛繼續叫着普廣說。倘若有善男子。善女人。或用了彩色去畫形像。或用土石膠漆金銀銅鐵等類。製造地藏菩薩的像。再去瞻望一回。禮拜一回。這人可以一百次的往返生在三十三天。永遠不墮落在惡道裏。假如因爲了天福享盡的緣故。下生到人間來。還可以做一個國王。不失掉這樣的大利益。

釋、最大的功德。就是鑄造菩薩的全身形像。因爲用金。銀。銅。鐵。四寶鑄成。堅固不壞。能夠永遠流傳。莊嚴。使衆生作福。有依據的地方。所以有人臨終的時間。發願造像。就是小得大麥似的。也能除三世八十億劫生死的罪業。還有十一種功德。一世世眼目淸潔。二生處沒有惡趣。三常生長在富貴人家。四身體像紫磨金色。五豐饒珍玩。六生長在賢善的人家。七來生得做帝王。八可以做金輪王。九往生梵天。十不墮惡道。十一後世能夠敬重三寶。（若造像、要造全身、不能造半身像、泥要用淨泥、牛膠多不潔淨、可以用石膏、或樹膠。）

若有女人。厭女人身。盡心供養地藏菩薩畫像。及土石膠漆銅鐵等像。如是日日不退。常以華香飲食衣服繒綵。幢幡錢寶等物供養。

解、倘若有女人。厭惡自己是女人身。盡心的供養地藏菩薩畫像。以及土石膠漆銅鐵等像。像這樣的天天不退心。常常用鮮花好香飲食衣服。繒綵幢幡。錢寶一類東西。去供養。

釋、作了女人身。是最沒有幸運的。不能做王。不能成佛。生時父母又不很愛。長了生別父母。又受夫壻的禁制。懷孕生產。又很苦難。所以都要厭惡的。能對菩薩盡心。自然肯施捨各種的財寶供養。倘若心願堅定。自然天天不退了。繒綵是用綢緞結綵裝飾。幢幡高懸。表示莊嚴。

是善女人。盡此一報女身。百千萬劫。更不生有女人世界。何況復受。除非慈願力故。要受女身。度脫衆生。承斯供養地藏力故。及功德力。百千萬劫。不受女身。

解、這個善女人。完畢了這一世的報身。百千萬劫。再不生到有女人的世界裏去。何況給他再受女身呢。除非自己的慈悲發願的緣故。要再受女身度脫衆生。承受了這供養菩薩福力的緣故。以及這功德的力量。百千萬劫。也不受這女人身了。

釋、這女人。因爲厭惡女人身。而發心的。又能盡心的供養。所以盡了現世這一個報身。就可以不再受女人身了。更不生有女人世界。就是指西方極樂世界。慈願受女身。度脫衆生。譬如像摩耶夫人。做千佛之母。是用順愛的法門。又像須密多女。先以欲勾引。然後令入佛智。是逆愛的法門。專意供養。用精進的功德。薰習身心。自然永遠不再受女人身了。

復次普廣。若有女人。厭是醜陋多疾病者。但於地藏像前。志心瞻禮。食頃之間。是人千萬劫中。所受生身。相貌圓滿。

解、佛又對普廣說。倘若有女人厭惡他這樣醜陋。或多疾病的。但在地藏菩薩的像前。一志專心的瞻望禮拜。一餐飯的時間。這人就千萬劫中所受生身。自然相貌圓滿。令人愛敬了。

釋、相貌生得醜陋。使人瞧見你。厭惡你。都不歡迎。尤其是女人生得醜陋。就要使他丈夫嫌憎。連旁人也要譏笑。倘若再常常多病。帶了殘疾。不但自己憂愁。家人也要輕視欺侮了。倘若你肯去瞻望禮拜地藏菩薩。只要喫餐飯一樣的短時間。來世就可以使你貌相圓滿。疾病殘廢都沒有。永遠的使得你很滿意。

是醜陋女人。如不厭女身。卽百千萬億生中。常爲王女。乃及王妃。宰輔大姓。大長者女。端正受生。諸相圓滿。

解、這個醜陋的女人。若不厭惡作女身。就百千萬億的。投生常常做帝王的女兒。或者做王妃。或去做宰相大姓人家。大長者的女兒。去端正的受生。諸相都生得很圓滿。

釋、你想只有一餐飯時間的瞻望禮拜。就不但使你相貌圓滿。疾病不生。而且還給你百千萬億的。生到帝王宰相。富貴人家去。少微一些的善業。獲得這許多的福德。還有再比這便宜的事情麼。倘使人家都曉得。還有那一個不去瞻禮呢。

由志心故。瞻禮地藏菩薩。獲福如是。

解、是從一志專心的緣故。瞻望禮拜地藏菩薩。獲得的福分。是像這樣的。釋無論瞻禮那一尊佛菩薩。專心一志。方才是恭敬。可以獲福。倘若隨便做一些形式。沒有恭敬心。不但沒有獲福。恐怕還要獲罪呢。

復次普廣。若有善男子善女人。能對菩薩像前。作諸伎樂。及歌詠讚歎。香華供養。乃至勸於一人多人。如是等輩。現在世中。及未來世。常得百千鬼神。日夜衛護。不令惡事。輒聞其耳。何況親受諸橫。

解、佛又對普廣說。倘若有善男子。善女人。能對菩薩的像前。作諸般歌舞的伎樂。以及歌詠他。讚歎他。香花供養他。乃至於勸一人。許多人去供養。像這一等的人。現在的一世之中。以及那未來世。常常得着百千鬼神。日夜保衛守護。惡事尚且不常給他耳聞。何況親身去受諸般的橫禍呢。

釋、伎是做戲的優伶。樂是音樂。歌詠是言志。歌詠不盡。所以讚歎。但是這功德。還不及去宣傳。勸人信仰的功德大。能勸醒五十人。這功德更大得不可思議。禮樂是聖人感天地通鬼神的禮節。且使民衆有蕩穢滌邪的功德。現在不爲自己取樂。去敬菩薩。功德自然更大了。

復次普廣。未來世中。若有惡人。及惡神惡鬼。見有善男子善女人。歸敬供養讚歎瞻禮。地藏菩薩形像。或妄生譏毀。謗無功德。及利益事。或露齒笑。或背面非。或勸人共非。或一人非。或多人非。乃至一念生譏毀者。

解、佛又對普廣說。未來世的中間。倘若有惡人。以及惡神惡鬼。見了有善男子。善女人。歸依恭敬。供養讚歎。瞻禮地藏菩薩的形像。或妄生了譏笑毀壞心。謗訕着說。這是沒有功德的。以及說沒有利益的事情。或露出齒冷笑。或背面說非理的壞話。或勸人共同作非理的壞事。或個人做。或許多人一起做非理的壞事。乃至於有一念生出譏諷謗毀的心。

釋、善惡的因果。是絕對相反的。善人志心的歸依恭敬。惡人見了說。沒有功德的。

善人虔誠的供養。惡人說。這是沒有利益的事情。善人讚歎。惡人露齒嘻笑。善人禮拜。惡人見了背後就說他壞話。善人塑畫形像。惡人便都毀壞他。善人念念勸人行善。惡人勸人大家為非作惡。人是這樣子。神和鬼的善惡也一樣的。天大的禍事。都從微微一念發生的。所以起了一念之惡。就要獲罪。

如是之人。賢劫千佛滅度。譏毀之報。尚在阿鼻地獄。受極重罪。過是劫已。方受餓鬼。又經千劫。復受畜生。

解、像是這樣的人。就是賢劫的千佛都滅度了。為譏毀的報應。還當在阿鼻地獄裏受極重的罪苦。過了這劫數。方才去受餓鬼。又經過千劫。方才給他做畜生去。

釋、梵名劫簸。我們翻時分。這時候有許多賢人出世。所以叫做賢劫。在這賢劫期間。有千佛出世。釋迦是第四尊佛。還有九百九十六佛。一個個出世。等一個個滅度。這時間的長。還可以用年月去計算得來的麼。只使到了這時間。他還在地獄裏受極重罪苦。再過一劫。方才做餓鬼。這譏毀佛道。勸人為非作惡的罪業。大得還可以比喻麼。

又經千劫。方得人身。縱受人身。貧窮下賤。諸根不具。多被惡業。來結其心。不久之間。復墮惡道。

解、做了畜生。還要經過千劫。方才得着做人。縱然受了人身。也是貧窮下賤。諸根不完全的。一個殘廢人多被了惡業來纏結他的心。不久的時間。還要墮落在惡道裏去。

釋、作福有餘報的。所以說不失大利。作惡也有餘報的。所以受了人身。仍要使他貧窮下賤。再帶了盲。啞。跛。攣。等殘疾。再給他受横禍兇惡等事情。這樣種種的遭遇。他的心。自然要受憂愁煩惱的纏結了。

是故普廣譏毀他人供養。尚獲此報。何況別生惡見毀滅。

解、都是爲了這緣故。普廣譏毀他人的供養。尚且要獲這種果報。何況再生出別種的惡見。來毀滅佛法呢。

釋、單犯了一種口業。譏毀人家供養禮拜。就要落阿鼻地獄等。去受種種三惡的罪苦。倘若身行意念。三業俱造別的邪見惡事。這苦報還大得了得麼。

復次普廣。若未來世。有男子女人。久處牀枕。求生求死。了不可得。或夜夢惡鬼。乃及家親。或遊險道。或多魘寐。共鬼神遊。日月歲深。轉復尫瘵。眠中叫苦。慘悽不樂者。此皆是業道論對。未定輕重。或難捨壽。或不得愈。男女俗眼。不辨是事。

解、佛又對普廣說。若未來世。有男子女人。長久的處在牀枕。想求生。或求死。都不可得到。或者夜間夢見了惡鬼。以及死過的家人和親眷。或遊行在危險的道途。或多魘不醒。共鬼神遊行。這樣從日到月。從月到歲。年久月深。轉變爲尫弱癆瘵的模樣。眠中叫着痛苦。慘悽不快。這都是業道裏的寃魂。正在論對。未定罪業的輕重時間。所以或者難捨壽命而死。或者疾病遷延不能痊愈。凡世間男女的俗眼。不曉得分辨這事的。

釋、四肢不能支撐。只可以處在床上。或枕邊。要活活不來。要死死不去。這叫生死不得。睡着被鬼壓住。甦醒不轉。這叫魘寐。尫(音汪)弱。是瘠病。瘵(音債)是五癆七傷等病。業道是因。果報是果。夙業道中。應得苦報。但爲他業所牽。未能卽報。或輕重未定。如判官審罪一般。叫做論對。

但當對諸佛菩薩像前。高聲轉讀此經一徧。或取病人可愛之物。或衣服寶貝。莊園舍宅。對病人前。高聲唱言。我某甲等。爲是病人。對經像前。捨諸等物。或供養經像。或造佛菩薩形像。或造塔寺。或然油燈。或施常住。

解、倘若有人犯了這樣的病症。但是應當對諸位佛菩薩的像前。高聲的把這本願經轉讀一徧。或拿取了病人可愛的東西。或衣服珍器寶貝。莊屋園林舍宅等。對了病人的面前。高聲像唱一般的說。我某甲等。爲這病人。對經像的座前。捨諸等物件。或說供養經像。或造佛菩薩的形像。或造塔寺院。或然油燈。或者把這物件施給常住。

釋、凡人感冒寒熱等病。是藥餌可以醫治的。惟有這類業報的病。須要請佛法來治的了。因爲佛是慈悲的醫王。能夠醫治八萬四千的病源。讀經一轉。是至理一言。有革凡成聖的功德。施捨病人珍貴的愛物。是割斷病人的貪愛心。也是根本的治療法。或把他愛物。供養像前。或助入寺院。或都把他變賣了。造寺院塔像。點油燈。病人不能起床。只好別人替他做代表。做代表的人。就對着病人的面前。譬如這高聲說。我○○○等。爲病人○○○。願仗佛的慈力。使他業報消除病痛痊愈。願將病人所愛的○種。○種東西。在○○處的。○園。○宅。情願割愛施捨。或變賣了。作○○等。各種○○功德。

如是三白病人。遣令聞知。假令諸識分散。至氣盡者。乃至一日二日三日四日至七日以來。但高聲白。高聲讀經。是人命終之後。宿殃重罪。至於五無間罪。永得解脫。所受生處。常知宿命。

解、像是這樣的對病人說三次。使病人聽得很明白。假使病人的識神已分散了。或者已經氣盡。乃至於一日至七日已來。但要高聲的說這話。高聲的讀經。這病人命終之後。宿世的禍殃和重罪。至於無間地獄罪。永遠的得着解脫。所受生的地方。常常知道前世的事情。

釋、要令得病人聽明白。是使得他心中知道。我有這樣的功德。藉了這佛法的福分。病一定就會痊愈的了。人的身中有八識神。七識神壽盡分散了。第八識一時不散的。倘若高聲的說。高聲念經。纔死的人。也能聽淸楚。他心裏知道。我有這樣功德。仗佛法的保護。一定可以投生福地。不落地獄了。

何況善男子善女人。自書此經。或教人書。或自塑畫菩薩形像。乃至教人塑畫。所受果報。必獲大利。

解、何況善男子。善女人。自己書寫這部經。或教人也去寫這部經。或自己塑畫菩薩的形像。乃至於教人也去塑畫這像。所受果報。必定可以獲得大利益的。

釋、前面說業報纏身。受病的人。只要有孝子良朋。替病人捨物代求。尚且有這樣功德。何況沒有惡報的人。自己書寫經法。塑畫形像。流傳不足。再教人去同做。這功德眞要像經裏說。比四天下的江河海水。還要多十倍了。

是故普廣若見有人讀誦是經。乃至一念讚歎是經。或恭敬者。汝須百千方便。勸是等人。勤心莫退。能得未來現在千萬億不可思議功德。

解、有這緣故。普廣。倘若見有人讀誦這部經。乃至一念讚歎這部經。或有恭敬這部經的。你須要用百千種的方便。勸這等人。勤心的讀誦。不要使他退心。能得未來現在。千萬億不可思議的功德。

釋、讀。是對了經閱讀。誦。是讀熟了以後背誦。是經。指本願經的全體。不識字的人。聽人說了這經的功德。就讚歎恭敬。這部經。或是從此念念「南無地藏菩薩」只要念得專心恭敬。他的功德。也同讀經一樣的大。

復次普廣若未來世。諸衆生等。或夢或寐。見諸鬼神。乃及諸形。或悲或啼。或愁或歎。或恐或怖。此皆是一生十生。百生千生。過去父母。男女弟妹。夫妻眷屬。在於惡趣。未得出離。無處希望福力救拔。當告宿世骨肉。使作方便。願離惡道。

解、佛又對着普廣說。倘若未來世的諸衆生等。或是做夢。或睡着。見諸般的鬼神。乃及諸形狀。或是悲傷。或是啼哭。或是憂愁。或是歎息。或恐怕。或驚怖。這都是一生。十生。百生。千生。過去的父母。或是過去的男女。弟妹。夫妻。眷屬。在惡道裏受苦。得不到出離。又沒有地方希望福力去救拔。應當告訴宿世的骨肉。使他作方便。願脫離這惡道。

釋、這一類的夢。和前面的夢不同的。前面是自己迎上去。和鬼神去遊的。這次是自己沒有迎上去。人家過來。表演種種可憐的形狀給他看。要他救拔的。這都是前幾世的親族。墮落在三惡道裏了。想你超拔他。也並不是內體的作用。
普廣。汝以神力遣是眷屬。令對諸佛菩薩像前。志心自讀此經。或請人讀。其數三徧。或七徧。如是惡道眷屬。經聲畢是徧數。當得解脫。乃至夢寐之中。永不復見。
解、佛叫着普廣說。普廣。你用了你的神力。遣令了這一類在世的眷屬。令他們對了諸佛菩薩的像前。志心的自己去讀這部經。或去請人讀。他的徧數。三徧。或是七徧。像這樣在惡道的眷屬。等到徧數讀完。經聲一歇。當時得到解脫。乃至於夢寐之中。永遠不再給你瞧見了。
釋、世上的人。情誼很薄。現生的六親。尙且不顧。何況去顧死過的呢。若不令普廣去叫他們讀。他們就不讀。自己不識字。或是沒有佛堂。那末請人去讀。也是一樣的。三徧七徧。都是陽數。屬於天道的。可以得着超度。經聲一畢。他們或上天。或投生。所以都不見了。
復次普廣。若未來世。有諸下賤等人。或奴或婢。乃至諸不自由之人。覺知宿業。要懺悔者。志心瞻禮地藏菩薩形像。乃至一七日中。念菩薩名。可滿萬徧。如是等人。盡此報後。千萬生中。常生尊貴。更不經三惡道苦。

解、佛又對普廣說。倘若未來世有諸般下賤一等的人。或是奴僕。或是婢女。乃至於諸般不能得到自由的人。自己覺到。這是我自己宿業的報應。要懺悔的人。志心瞻望。禮拜地藏菩薩的形像。乃至於一日至七日之中。念菩薩的名號一萬徧。像這樣的。盡了這世的報身。以後千萬生中。常常投生到尊貴人的家裏去了。更且不經三惡道的苦報。

釋、下賤人。也不單指是奴婢。不孝不敬。不信三尊。竊盜等。都是。不自由人。一切聽人指揮。由人作主的都是。若自己覺悟了。就向像前誠心懺悔。慚心一發。若泰山崩。無罪不滅。何況再加讀經。稱名的功德呢。奴婢也是人家的兒女。也應當顧他的饑寒。有病替他醫治。有過也要寬恕。不可任意亂打。更要好好的教訓。

復次普廣。若未來世中。閻浮提內。剎利。婆羅門。長者。居士。一切人等。及異姓種族。有新產者。或男或女。七日之中。早與讀誦此不思議經典。更爲念菩薩名。可滿萬徧。是新生子。或男或女。宿有殃報。便得解脫。安樂易養。壽命增長。若是承福生者。轉增安樂。及與壽命。

解、佛又對着普廣說。若未來世之中。閻浮提世界裏。刹利種族。婆羅門種族。長者。居士。一切人等。及異姓的種族。有新產生的。或男或女。在七日之中。趕早給他讀誦。這不思議的經典。更給代念菩薩名號。滿一萬徧。這新生的小孩。不論男女。前世所有的禍殃夙報。便都得着解脫。安樂的容易養育。壽命也增長了。若是承了他自己的福分來投生的。也轉要增加他的安樂和壽命。

釋、無論中國外國。凡是生在閻浮提中的女人。生產時都很痛苦。很危險的。遇着種種難產。連母子都遭慘死送命。這都是前世的寃業。或惡鬼的主使。惟有將要臨盆的一月。每日讀這經一徧。以七日爲限。共讀七徧。每日除讀經以外。再念「南無地藏菩薩」名號。七日之中。積滿一萬句。這樣一來。菩薩就來保佑你。不但臨產平安。減少痛苦。且能叫這新生的小孩。安樂易養。增福加壽。倘若自己不便。請他人代讀代念。也是一樣的。

復次普廣。若未來世衆生。於月一日。八日。十四日。十五日。十八日。二十三。二十四。二十八。二十九日。乃至三十日。是諸日等。諸罪結集。定其輕重。

解、佛又對普廣說。若有未來世的衆生。於每月的一日。八日。十四日。十五日。十八日。二十三日。二十四日。二十八日。二十九日。乃至於三十日。止這諸日等。是所作諸般的罪業。都要結集的時間。正要定他罪業的輕重。

釋、這十日。天神下降。鑒察世人的善惡。而結算清楚。善多的。增福加壽。將來令他上天。惡多的。折福減壽。使他落地獄。所以這十天。要戒殺放生。素食。名叫十齋日。一日鉢闍底下凡。叫建名日。初八二十三兩天。娑婆善人下降。名叫力戰日。做事更要公平。十四二十九兩天。藥芻神下降。叫勇猛日。要孝敬放生。二十四日。嚕達囉尼神下降。叫凶猛日。二十八日。鉢折底神下降。叫最勝日。要持戒。十五三十兩天。必多盧神下降。叫吉相日。宜祭先亡。及布施供養諸佛菩薩。最得利益。十齋若依陰曆。月小可以改廿七廿八廿九。三長齋。正月。五月。九月。喫三月素。六齋。每月初八。十四。十五。廿三。廿九。三十。（月小改廿九）

南閻浮提衆生。舉止動念。無不是業。無不是罪。何況恣情殺害。竊盜邪淫妄語。百千罪狀。能於是十齋日。對佛菩薩。諸賢聖像前。讀是經一偏。東西南北。百由旬內。無諸災難。當此居家。若長若幼。現在未來。百千歲中。永離惡趣。

解、我們南閻浮提的衆生。舉止動念。沒有一種不是業因。沒有一種不是罪過。何況再恣情任性的殺生害命。偷盜邪淫妄語等百千種的罪狀呢。能夠在這十齋日。對了佛菩薩諸聖賢的像前。讀這經一偏。東西南北百由旬裏面。便沒有諸般災難了。當居住在這由旬內的人家。若長老的。幼稚的。現在未來。百千年中間。永遠脫離惡趣。

釋、我們閻浮提的人。不論一動一靜。一起念。都是業因。何況任意的去殺害生命。犯十惡業呢。我們的一動念。有九十剎那。每一剎那中。還有九百的生滅。一一的生滅。在天眼觀瞧。一一都成形相的。這裏、我們可以想到念一句佛的功德了。這形相無非是業是罪。所以我們的起心動念。刻刻最要檢點。每遇到了十齋日。讀這經一偏。只一偏經。便能叫四方百由旬內。消除災禍。家家老小。都離惡趣。是這樣。可知這部經的功德和利益之大。眞是不可以思議的了。倘若有不靈驗的。這也不能怪這部經。是讀誦的人不恭敬。不志誠的緣故。或是作惡的人太多了。福力不能勝過罪業。

能於十齋日。每轉一偏。現世令此居家。無諸橫病。衣食豐溢。

解、能於每逢十齋日。每日轉讀這經一偏。現在居在這家人家裏的人。都沒有諸般橫病。衣食也都豐溢有餘。

釋、橫病。是流行的時疫。使沒有橫染疫病。是離苦。使貧窮的也能衣食豐溢。是得福。都是靠托這部經。有想不到說不出的大功德。

是故普廣。當知地藏菩薩。有如是等不可說百千萬億大威神力。利益之事。閻浮衆生。於此大士有大因緣。是諸衆生。聞菩薩名。見菩薩像。乃至聞是經三字五字。或一偈一句者。現在殊妙安樂。未來之世。百千萬生。常得端正。生尊貴家。

解、是爲這緣故。普廣你應當知道地藏菩薩。有這一等不可說百千萬億的大威神力。利益衆生的事情。都因爲閻浮提衆生。對於這大士有很大的因緣。是諸多的衆生。聽了菩薩的名。見了菩薩的像。乃至於聽了這部經的三字。五字。或一偈。一句的人。現在保他得到特別好的安樂。未來之世。百千萬生。常得端正。生在尊貴的人家。

釋、從前普廣菩薩請問佛一節起。到這一節止。所說的種種。不是地藏菩薩的大大威神力。利益衆生。那裏會辦得到呢。但是菩薩有這樣的威神。不去利益別的世界的衆生。單來利益我們這世界的衆生。這不是地藏菩薩。對於我們的世界。有很大的因緣麼。你想。只要聞名見像。或聽了這經的三字五字。一偈一句。就有這樣的大功德。這不是地藏菩薩。對我們的衆生。特別的慈悲哀憐麼。所以我要爲我們不見這經。不信這經。不知道地藏菩薩對我們的慈悲哀憐不知感激菩薩慈恩的衆生。要灑一掬傷心之淚了。

爾時普廣菩薩。聞佛如來。稱揚讚歎地藏菩薩已。胡跪合掌。復白佛言。世尊。我久知是大士。有如此不可思議神力。及大誓願力。爲未來衆生。遣知利益。故問如來。唯然頂受。世尊。當何名此經。使我云何流布。

解、這時普廣菩薩。聽了佛如來的稱揚讚歎地藏菩薩罷。胡跪着。合了掌。又復對佛說。世尊。我已長久的。知道這大士有像這樣不可思議的神力。及宏大發誓的願力。為未來的衆生。遣令他都知道這利益。所以請問如來的。唯然。頂戴受領。世尊。應當怎樣名稱這部經。使得他怎樣的流布。

釋、胡跪。是胡人的禮節。用右膝着地。不同我們華人。用雙膝着地的。普廣菩薩。請佛是使佛金口演說。地藏菩薩大威神力。使在會的大衆。及恆河沙佛世界的衆生。都認眞相信。又可趁此宣傳發揚。但是流布和宣傳。總要有名稱方好。所以再請佛說。

佛告普廣。此經有三名。一名地藏本願。亦名地藏本行。亦名地藏本誓力經。緣此菩薩。久遠劫來。發大重願。利益衆生。是故汝等。依願流布。普廣聞已。合掌恭敬。作禮而退。

解、佛告訴普廣菩薩。這部經有三種名稱。一。叫地藏本願經。二。叫地藏本行經。三。也可叫地藏本誓力經。因為這菩薩。經久遠劫以來。發又大又重的誓願。來利益我們的衆生。是故叫你等依了他的願。去流傳宣佈。普廣聽罷。合了掌。很恭敬的退回原坐。

釋、本願。是本初的心願。本行。是歷劫度生的行事。本誓力。是行願兩用的作用。佛雖說這三名。但是有願而無行。其願是落空。不會成就的。有行而無願。其行是盲行。沒有結果的。所以說願必賅行。說行必賅願。誓力卽是願行。所以三名卽是一名。現在經名。但取本願。卽此道理。

利益存亡品第七

解、地藏菩薩。說生存和亡故的衆生。能夠都得利益的事情。這是本經的第七品。

釋、因爲地藏菩薩。有威神慈悲。不可思議的利益。以立這品題的。而且這品。大要包涵四種利益。一自利。二利他。三利生存的。四利死亡的。自利。這品經裏說。衆生於諸善事。最少的利益。都自得的。利他本品曾說。知識有大力故。相扶助入。勸令牢足等。都是利存。本品也說。七分功德。生存的得獲六分。利亡。本品也說。一名一號。聽在本識。衆罪悉消滅。

爾時地藏菩薩摩訶薩。白佛言。世尊。我觀是閻浮衆生。舉心動念。無非是罪。脫獲善利。多退初心。若遇惡緣。念念增益。

解、這時地藏菩薩大菩薩。對佛說。世尊。我觀瞧這閻浮衆生。舉心動念。無非是罪業。倘若獲得善利。也多半要退回初心。若一遇着了惡緣。便會念念的增長起來。

釋、我們南洲衆生。雜念更多擾亂紛紜。不暫停止。推他的來源。都受了眼耳鼻舌。身。意。的六識的主動。以及那色。聲。香。味。觸。法。的六境的引誘。而起因緣的繼着就發起貪。瞋。癡。的心念。便都變成罪業。若得到一些善利。就不肯用功進取。不久。就懶怠的退却了。若遇着了惡境邪緣。那習慣的心。和這境緣一湊合。就熾然增長了。從此就循環不息的牽纏下去。要知道我們的心念一一都會種生死根的。百念百身。千念千身。善念享天福。惡念墮惡道。所以修道的人。最要制伏這心念。不使他妄動。現在的衆生。那一個肯覺悟呢。無怪要使菩薩泣涕了。

是等輩人。如履泥塗。負於重石。漸困漸重。足步深邃。若得遇知識。替與減負。或全與負。是知識有大力故。復相扶助。勸令牢脚。若達平地。須省惡路。無再經歷。

解這等。一輩的人。像行走在泥塗裏。再負了重石。漸漸的困苦。漸漸的重壓。脚步也漸漸深邃的陷下去了。若得遇到有知識的人。替代他給他減少一些所負的重壓。或者都給他除去了重負。因這智識。有大力量的緣故。又復再去扶助他。勸令他脚根立得堅定牢穩。倘若你要達到平地裏去。須要省悟這是一條惡路。從此不要再在這裏經歷了。

釋、作惡的人。已經是走入邪惡陷人的泥塗裏了。還要把山石般的重罪。叫他去負擔。雖不入地獄。已現出地獄的罪相了。遇知識有兩種。一是善友。身口皆善。勸他改惡行善。猶如減少他的重負。一是遇大智識。不但敎他行善。而且敎他內心起善念。敎他省悟。這是惡途。回頭來走一條平坦天堂的大路。從此不再經歷這邪惡的泥塗。這就是大力扶助他。都給他除去這所有的重負了。

世尊。習惡衆生。從纖毫間。便至無量。是諸衆生。有如此習。臨命終時。父母眷屬。宜爲設福。以資前路。

解、菩薩繼續叫着佛說。世尊。習惡業的衆生。從纖細毫毛一些的罪業起。便至於積集至無量數。這諸般的衆生。有像這樣的惡習。臨命終的時候。父母和眷屬。應當給他設些福。以資送他的前途。

釋、衆生所作的惡業。起初是輕得像毛髮似的。日漸的加重來。越負越加重。積到無量數的罪。都壓上了。所以父母的臨終時。做兒女的要相扶他。替他修福資助。兒女死了。做父母的。也是要這樣做的了。

或懸幡蓋。及然油燈。或轉讀尊經。或供養佛像。及諸聖像。乃至念佛菩薩。及辟支佛名字。一名一號。歷臨終人耳根。或聞在本識。

解、這是教你修福的法子。或向佛懸掛幡幢傘蓋。以及點油燈。或轉讀各種經典。或供養佛像。以及諸聖像。乃至於給他念念佛菩薩的名號。以及辟支佛的名。一名一號。都要經過臨終人的耳根。使得他聽在本識裏去。

釋、造黃色幡。以及傘蓋。於死亡日。懸佛像前。可以離去八苦難。生十方諸佛的淨土。點燈供佛。能照破幽冥界痛苦的衆生。蒙這光明的福力。救拔他的痛苦。都得休息。一句佛菩薩名號。念入將死人的耳根。傳進他的本識裏去。便可做一個善命人。永爲道種。這都是福利。這個心識。是一切心識的根本。就是身心世界的根本。叫做本識。又名阿賴耶識。是人死時最後離身的。

是諸衆生。所造惡業。計其感果。必墮惡趣。緣是眷屬。爲臨終人。修此聖因。如是衆罪。悉皆消滅。

解、這諸類的衆生。所造的惡業。計量他所感的果報。必定要墮落在惡道裏受苦。因爲他的眷屬。爲這臨終的人修設了聖因。像這樣的衆罪。悉數都消滅了。

釋、這都是說臨命終時間的修福聖因。是指供養佛像。以及讀經念佛等類。因爲作惡業的衆生。臨終時。受惡業的牽纏。將要墮入惡道。他的眷族替他一修福。便像大風吹浮雲一樣。頃刻把這牽纏的惡業。消滅得不知去向。這也是全仗智識的大力了。

若能更爲身死之後。七七日內。廣造衆善。能使是諸衆生。永離惡趣。得生人天。受勝妙樂。現在眷屬。利益無量。

解、若能更爲他身死過了之後。七七的日內。廣大的給他修造許多善事。能使這諸多的衆生。永遠脫離惡趣。得着投生做人。或上天去受很好很妙的快樂。現在在世的眷屬。所得的利益。也是無量的。

釋、這節仍接上面所說的。仗了智識的大力。去扶助他。每七中。給他廣做善事。七個七做滿。就是資助他上天去享福。不但是死者上天。就是現在存活的眷屬也得到無量的利益。資助是比喻發他川費一樣。或是上海是地獄。北平是天堂。現在我不願在地獄受苦。想到天堂去享福。但是沒有川費。那裏辦得到呢。只好在地獄受苦。所以死過後七七日內。你給他修福。即是發他上天去的川費一樣。

是故我今對佛世尊。及天龍八部。人非人等。勸於閻浮提衆生。臨終之時。愼勿殺害。及造惡緣。拜祭鬼神。求諸魍魎。

解、是為了這緣故。我今天對佛世尊。及天龍八部。人非人等說。叫他們都相勸於閻浮提衆生。臨命終的時間。小心謹愼。切勿殺害生命。及去造拜祭鬼神求乞諸魍魎的惡緣。

釋、凡是給亡人治喪事。不准殺生。雖然極細微的生命。也殺不得的。若有病痛。拜鬼祭神。這就是引鬼入門。更使不得。或是志誠的。請拜觀世音地藏兩大菩薩。求乞消除災障。那是可以的。魍魎。是居在山水間的一種鬼。

何以故。爾所殺害。乃至拜祭。無纖毫之力。利益亡人。但結罪緣。轉增深重。假使來世。或現在生。得獲聖分。生人天中。緣是臨終。被諸眷屬造是惡因。亦令是命終人。殃累對辯。晚生善處。何況臨命終人。在生未曾有少善根。各據本業。自受惡趣。何忍眷屬。更爲增業。

解、爲甚麼緣故呢。你所殺害的生命。乃至於祭拜鬼神。沒有纖毫微力能夠利益亡人。不過反結罪緣。使罪業轉加深重。假使來世。或現生。得着聖人的氣分。可以生到人天中去享福。因爲臨終時。被他眷屬造了這惡緣。就令這命終人受禍殃的累。被殺死的生命。圍困了去對辯。就要遲生到善處了。何況臨命終的人。在生未曾有少份的善業。各人依據了本業。自受惡趣去。這眷屬如何這樣的殘忍。再要增加他的罪業呢。

釋、鬼神浮遊人村。不得喫食。便變怪起來。扇動人心。教他作惡。殺害生命。你加了罪業。他來現成饗受血肉。是最壞的東西。無知識的人。往往受他的愚連累了臨終人。幷連累了自己。

譬如有人。從遠地來。絕糧三日。所負擔物。強過百斤。忽遇鄰人。更附少物。以是之故。轉復困重。

解、譬如有人。從遠的地方來。絕糧已經三日了。所負擔的東西。勉強負過一百斤。忽然遇着了一個鄰人。更要附帶一些東西。以是這個緣故。反又加上困重了。

釋、從遠地來。譬如我們從無始生死曠大劫以來。久已缺絕戒定慧的三日的食粮了。腹餓力弱。十惡互照。勉強的支持百斤的重擔。已是沒有善根的人了。這附帶重東西的鄰人。就是給他殺生的眷屬。再給他加上一些重罪。這危險很像是「落井投石」一般。可以不謹慎的麼。

世尊。我觀閻浮衆生。但能於諸佛教中。乃至善事一毛一渧一沙一塵。如是利益悉皆自得。

解、菩薩繼續叫着佛說。世尊。我觀瞧這閻浮提的衆生。只要能夠在諸佛教之中。乃至於所有的善事。雖是小得像一毛。一渧。一沙。一塵。他那樣的利益悉數都要使他自己獲得。沒有一些空做的。

釋、能對於佛教中發信心。雖是微細的善事。都是成佛的正因。譬如有人將一毛分作百分。拿了百分之一的毛。霑一滴的水。寄在佛的地方。佛就把這一滴水。和入恆河裏。不增不減的。漸漸和入大海。就要把這人度到成佛。仍舊把這水還他。所以說少善不積。何以成聖呢。

說是語時。會中有一長者。名曰大辯。是長者久證無生。化度十方。現長者身。合掌恭敬。問地藏菩薩言。大士。是南閻浮提衆生。命終之後。小大眷屬。爲修功德。乃至設齋。造衆善因。是命終人。得大利益及解脫不。

解、說這話的時間。會中有一位長者。名叫大辯的。這長者久已證得無生的了。爲化度十方世界的衆生。常常現化長者身分的。這時合掌恭敬的問地藏菩薩說。這南閻浮提的衆生。命終了之後。小大的眷屬。爲他修功德。乃至設齋供養。造衆善因。這命終的人。就可以得到大利益。以及解脫的麼。

釋、梵語鉢底婆。翻名辯才。辯是問答辯駁沒有阻礙的。所以也說辯才無礙。他這字內。包涵着善法。詞。樂說。四種意義。現在他能一義中演說無量義。一法中演說無量法。一詞中演說無量詞。盡那未來的時際。樂說這三種法門。所以有這大辯的佳號。他還久已證到不生不滅的大涅槃了。地位的崇高。已同佛差不多。因爲他要化度十方的衆生。所以依舊現長者的身分。他這時聽地藏菩薩的話。所以接着來問的。功德。是指懸旛等事。設齋。就是供佛齋僧。衆善因就是布施。建造塔像等都是。利益解脫。是問菩薩。眷屬給死亡的人做佛事的功德。死的人眞得到利益。可以解脫生死輪迴的麼。還是得不到利益。不能解脫生死呢。

地藏答言。長者。我今爲未來現在一切衆生。承佛威力。略說是事。長者。未來現在。諸衆生等。臨命終日。得聞一佛名。一菩薩名。一辟支佛名。不問有罪無罪。悉得解脫。

解、地藏菩薩回答說。長者。我今天爲這未來現在一切的衆生。承佛的威力。簡略的說說這事情。長者。未來現在。諸衆生等。臨命終的一日。得聽到一佛的名。一菩薩的名。一辟支佛的名號。不問他有罪沒有罪。都得到解脫。

釋、一切的衆生。命終的一天。自己不能念。叫他人代念。臨終的人。聽了諸佛菩薩的一名一號。不論有無罪業輕重的人。都得着了生脫死。超昇佛國裏去了。爲甚麼臨終的時間。有這樣的靈感。現生活着的人。不很靈感呢。這也有一種道理。因爲臨終的人。心急念專。像小孩子遇着了強盜追趕。要叫喊他父母來救他一般。很誠懇拚命的念。所以感應快得很。平常人念佛。往往心不對口。不肯誠懇恭敬。那裏來的感應呢。所以古人說。口裏念佛心散亂。喉嚨喊破也徒然。何況還有一種沒有知識的人。他念一句佛。還要當銅錢用。念念貪心。那更是無效的了。

若有男子女人。在生不修善因。多造衆罪。命終之後。眷屬小大。爲造福利。一切聖事。七分之中。而乃獲一。六分功德。生者自利。以是之故。未來現在善男女等。聞健自修。分分已獲。

解、菩薩繼續說。倘若有男子女人。在活的時間。不修善因。造了許多罪惡。命終了之後。不論他大小的眷屬。爲他修造福利。一切的佛事。七分之中。只有獲得一分。六分功德。是活人自得的。以是這緣故。未來現在的善男女。趁着現在耳目聰明。強健的時間。自己來做佛事修福。不要等待臨死時。眷屬給我代修。那麼分分利益。都可以自得了。

釋、大人給他小人做功德。是大眷屬。小人給他大人做功德。叫小眷屬。凡關於佛教中所做的功德。都可以叫做聖事。死了做功德。只有得到一分。所以叫你現生的人。趁早自修福利。點燈懸幡。請僧讀經。做一個活七七。功德就更大得無量的了。

無常大鬼。不期而到。冥冥遊神。未知罪福。七七日內。如癡如聾。或在諸司。辯論業果。審定之後。據業受生。未測之間。千萬愁苦。何況墮於諸惡趣等。

解、菩薩又繼着說。無常的大鬼。不用你約期等待。他自然會到的。冥冥的遊神。自己不知道是罪是福。隨着無常去了。這七七的日內。如癡如聾一般。或在諸陰司中。和判官辯論他在生時所作的惡因業果。經過了這審定之後。各人依據了他的業果去投生。在那辯論未測的時間。已有千萬種的愁苦了。何況墮於諸般惡道裏。受苦去呢。

釋、梵語薩迦耶薩。翻名作無常。凡是世人所作之事。旋生旋滅。都是無常的。所以古人說。性命在於呼息之間。大丈夫旦不保暮。俗諺說。無常叫你三更去。斷不寬留到五更。可憐一般昏庸的世人。性命尚且不能自主。何況其他比性命輕賤的一切呢。諸司就是賞善。罰惡。的判官。辯論。是辯論十善十惡的因果。閻王之下。有五位官。一叫鮮官。是禁人殺生的。二叫水官。是禁偷盜的。三叫鐵官。是禁邪淫的。四叫土官。是禁妄語的。五叫天官。禁飲酒的。所以這五戒是最要緊的。倘若不能夠全戒。戒一二種也是好的。

是命終人。未得受生。在七七日內。念念之間。望諸骨肉眷屬。與造福力救拔。

解、這命終的人。尚未得着投生的七七日之內。在這千萬種愁苦的念念之間。希望他們的骨肉至親的眷屬。給他修造福利。好仗佛力救拔他。

釋、人死了。在陰司裏辯論。要經過七七四十九天。然後方才把他罪業判決。所以在這七七日內。罪業還沒有判決的時間。時時刻刻。想望他的骨肉眷屬去救拔他。好借這功德來贖他的罪業。或者可以仗了佛力上天去。過是日後。隨業受報。若是罪人。動經千百歲中。無解脫日。若是五無間罪。墮大地獄。千劫萬劫。永受衆苦。

解過了這七七四十九日以後。就隨了他所作的業。受報去了。倘若是罪重的人。一動這惡刑。就要經過千百歲中。沒有解脫的時日了。若是應該受這五無間的大罪業。墮落到大地獄。就千劫萬劫。永遠的要受許多痛苦了。

釋、有形。方才有影。有聲。方才有應響。有因。方才有果。或有作了惡事沒有報應。是前生的餘福沒有盡。福盡。禍自然會來的。

復次長者。如是罪業衆生。命終之後。眷屬骨肉。爲修營齋。資助業道。未齋食竟。及營齋之次。米泔菜葉。不棄於地。乃至諸食未獻佛僧。勿得先食。

解、地藏菩薩。又復對長者說。像這樣有罪業的衆生。命終了以後。或是他的眷屬和骨肉。爲他修營辦齋。資助他。免得他在業道裏受苦。倘若齋食尚沒有完竟。以及正在辦齋的時間。淘米泔水。和菜葉等類。不可以拋棄在地上。乃至於諸種食物。未獻過佛與僧。勿得自己先喫。

釋、做佛事求福利。無非想超度死亡的人。倘若不誠心恭敬辦齋。去供養佛。法。僧。三寶。那裏來的功德呢。在這辦齋的時間。或是淘米泔水。黃的壞的菜葉。以及不好的東西。剩下來的東西。一些也不能拋棄在地上。用器物盛貯收藏起。等到齋過了以後。或者施給乞丐。或者施給畜生去喫。若有好的菜肴。沒有供過佛。沒有齋過僧。無論何人不能先喫。這樣方才有功德。若有先嘗的人。這人要五百世中。受餓鬼道的苦。

如有違食。及不精勤。是命終人。了不得力。如精勤護淨。奉獻佛僧。是命終人。七分獲一。

解、倘若有違背了這上面所說的規矩。自己先喫。以及不精勤的保護。辦得潔淨。這命終的人。不得到一些功德。倘若很恭敬的。能守這規矩。精勤的保護。辦得很潔淨。奉獻佛和僧人。這七分的功德。命終人可以獲得一分。六分功德。是辦齋的眷屬獲得的。

釋、若不是依經中所說的方法去辦齋。不但死亡的人。也難得利益。就是給他做佛事的眷屬。也得不到一些利益。倘若照他的規矩去辦。辦得很精誠。很潔淨。那麼諸天都歡喜。百神也慶悅。天神也來擁護了。自然存亡都可以得到福利。

是故長者。閻浮衆生。若能爲其父母。乃至眷屬。命終之後。設齋供養。志心勤懇。如是之人。存亡獲利。

解、地藏菩薩。繼續的說。是因爲這緣故。長者。閻浮提的衆生。倘若能爲他的父母。或者乃至於至親骨肉眷屬。命終了之後。設了齋去供養。終要志心勤懇。像這樣的人。所做的佛事。生存和死亡的。都可以獲得利益了。

釋、志心勤懇。就是精勤護淨的意思。能志心。方才能精精誠到極點。自然可以感動諸佛菩薩。諸天神的賜與福澤了。所以能夠得到兩全俱美的利益。

說是語時。忉利天宮。有千萬億那由他閻浮鬼神。悉發無量菩提之心。大辯長者。作禮而退。

解、菩薩說罷了這話的時間。在這忉利天宮集會的。千萬億數的那由他數的閻浮提的鬼神。都發出了無量數的菩提之心。那一位大辯長者。也作了一個禮退回了原座。

釋、爲什麼邪劣的鬼神。到這時也發心了呢。因爲聽了上面地藏菩薩說過。拜祭鬼神是無益的。臨終時聽念佛號。罪業自然會解脫等等言論。所以那一般專做教人殺生造業的鬼神。自己也覺得慚愧得很。就都發心做諸佛菩薩的護法鬼神了。其實。也是佛和地藏菩薩教化他發心的。

閻羅王衆讚歎品第八

解、閻羅王和鬼王的大衆自述利生願力。間接的讚歎地藏菩薩。這是本經的第八品。

釋、這閻羅王和許多的鬼王。都是蒙了佛的放光和聲音而來集會。有的是跟了地藏菩薩的分身來的。但是這一般的鬼王。也無非是無相如來。權示現化。來利益我們閻浮洲的衆生。

爾時鐵圍山內。有無量鬼王。與閻羅天子。俱詣忉利。來到佛所。

解、這時鐵圍山裏。有無量數的鬼王。跟了閻羅天子。都來到忉利天宮佛的地方。

釋、閻羅王是鬼官的總司令。這許多的鬼王。都是他所統攝的。現在閻王既然來了。這些做臣子的。當然也要伴着他同來的。

所謂惡毒鬼王。多惡鬼王。大諍鬼王。白虎鬼王。血虎鬼王。赤虎鬼王。散殃鬼王。飛身鬼王。電光鬼王。狼牙鬼王。千眼鬼王。噉獸鬼王。負石鬼王。主耗鬼王。主禍鬼王。主食鬼王。主財鬼王。主畜鬼王。主禽鬼王。主獸鬼王。主魅鬼王。主產鬼王。主命鬼王。主疾鬼王。主險鬼王。三目鬼王。四目鬼王。五目鬼王。祁利失王。大祁利失王。祁利叉王。大祁利叉王。阿那吒王。大阿那吒王。

解、所說的這鬼王呢。第一是惡毒鬼王。這鬼王。是鬼王的首領。三毒都屬於意的。就是身口七惡的根本。他用以惡攻惡。以毒攻毒的方法。使那十惡三毒的衆生。化惡爲善。多惡。是外現忿怒的惡相。內起慈悲的善念。大諍。是諍鬬。這一切的諍訟爭鬬。都是從貪嫉而來的。這貪嫉又都是從憎愛而來的。這鬼王用大諍的法門。去化人無諍。虎是威猛的野獸。白虎。血虎。赤虎。這鬼王。都是人身虎頭的。是隨着他各種生成的顏色。定他名稱的。殃。是禍殃災晦。世上有不敬天地。不孝父母師長的人家。這鬼王就到他的門上。使他們家庭不和。時多禍殃。好使他改惡向善。飛身鬼王。就是飛行夜叉一類。電光鬼王。他的眼睛像電光一樣。察人的善惡。

給他的吉凶。狼牙。狼是一種惡獸。牙尖向口外露出的。這鬼王的牙尖。也向外露出。同狼牙一樣的。千眼。觀音大士有千手千眼。這鬼王也有千眼。大約也是見機利人的用處。噉獸。兇惡的野獸要害人的。這鬼王都把他捉來噉喫。世上有一種不習禮節。人面獸心的兇惡暴徒。恐怕給他遇見了。他也不肯放過的。好爲地方除害。負石。就是負石擔沙。塞海塡河一類的鬼。主耗。主禍。這二鬼王。是使犯惡的人家道貧耗。刑禍隨之。若能悔過行善。他仍舊使他發財得福的。主食。食是活命的五穀。這鬼王見行善的人家。使他豐足。犯惡的人家。使他饑餓。所以毀棄衣食的人。他終要犯凍餓死的。主財。富家若不肯樂善好施。這鬼王瞰視他的旁邊。很妬恨他。常使他多疾病。死亡。口舌等事。主產。是主管送子投胎。保護生產一類的事情。主疾。是主管世人一切疾病。主險。是主管高山大海危險處的旅行人。應死的使他死。不應死的保護他。三目。是兩目中間。直嵌一目。像摩醯首羅天王一樣。四目。是額上橫開四目。像蒼頡一樣。五目。是在上下之中。豎嵌一目。祁利失等六鬼王名。諸經都沒有翻譯。現在照錄演孝疏。隨文解釋的意義。祁利失。是本來沒有福德的人。欲貪多財物。反失了財。得不到富利。祁利叉。或是有仁德的人。一切希望都可以隨念滿足。交指叉手的慶賀着。就是招財聚寶的王。阿那吒。有的翻作色質堅凝。能輔助天行。或是扶衆生上天的意義。

釋上面所說的種種鬼王。他們的貌相。都是可怕。但是他們的心。都很慈悲的。無非要使我們衆生改惡行善。然而衆生都是頑強的多。不肯改惡向善。他沒法子。只好現出兇惡的形相。拿出兇惡的手段。來征服你們了。

如是等大鬼王。各各與百千諸小鬼王。盡居閻浮提。各有所執。各有所主。是諸鬼王。與閻羅天子。承佛威神。及地藏菩薩摩訶薩。力俱詣忉利在一面立。

解、像這一等的大鬼王。各各和百千數諸多的小鬼王。都居住在閻浮提。各有所執司的。也各有所主持的。這諸類的鬼王。同着閻羅王。承了佛的威神。及地藏菩薩。大菩薩的福力。都到了忉利天宮的法會。都同在一面的排立着。

釋、所說有名稱的。都是大鬼王。每一個大鬼王之下。還各有百千的小鬼王。這小鬼王各有大鬼管領的。這許多的鬼王。就都在我們的南洲。各各所司的執守。都是勸人爲善。警人爲惡。代天道行那賞善罰惡的事情。立着不坐。是表示恭敬佛的意思。

爾時閻羅天子。胡跪合掌。白佛言。世尊。我等今者。與諸鬼王。承佛威神。及地藏菩薩摩訶薩力。方得詣此忉利大會。亦是我等獲善利故。我今有小疑事。敢問世尊。唯願世尊。慈悲宣說。

解、這時閻閻羅天子。胡跪着合了掌。對佛說。世尊。我們今天和諸般鬼王。承佛的威神。以及地藏菩薩大菩薩的福力。方才得到這忉利天宮的大會來。這也是我等可以獲得善利的緣故。現在我們有一點細小疑惑的事情。敢來叩問世尊。唯願你世尊。發慈悲。宣揚演說這事情。

釋、我等。是概括的指十殿閻王。既然仗了佛菩薩的力。到了天宮。又得在這法會。聞法修心。還能聽地藏菩薩。處處法化的方便法門。這就是他們所獲的利益。但是還有幾處疑點。所以要問佛說明白了。

佛告閻羅天子。恣汝所問。吾爲汝說。

解、佛告訴閻羅王說。隨便你問就是了。吾來給你們說明白。

釋、恣是放縱的意思。是叫有所疑的事情。不必隱瞞。也不必避忌。任你的意來問。沒有不解說給你聽的。這正表示世尊有無限的慈悲。

是時閻羅天子。瞻禮世尊。及廻視地藏菩薩。而白佛言。世尊。我觀地藏菩薩。在六道中。百千方便。而度罪苦衆生。不辭疲倦。是大菩薩。有如是不可思議神通之事。

解、這時閻羅天子。瞻望着禮拜世尊。及廻過頭來。顧視地藏菩薩。而對佛說。世尊。我觀瞧着地藏菩薩。在這六道之中。想出那千萬種的方便法子。而救度這罪苦的衆生。一些也不怕疲倦。這大菩薩竟有像這樣不可思議神通的事情。

釋、廻視地藏菩薩。是欲讚歎他的現像。菩薩現在梵天。教化天人除去憍慢。現在人道。教化我們佈施守戒。現在地獄。替代罪人受苦。現在餓鬼道。使他們都飽滿。現在修羅道。教化他們調伏惡心。現在畜生道。教化他們都得智慧。總之他在六道中。隨機應化。救度衆生。從無量劫以來。沒有現出一些疲倦的樣子。這種勇猛的智慧。都可表示他不可思議的神通。

然諸衆生。脫獲罪報、未久之間。又墮惡道。世尊。是地藏菩薩。既有如是不可思議神力。云何衆生。而不依止善道。永取解脫。唯願世尊。爲我解說。

解、然而這諸衆生。剛才解脫所獲的罪報。沒有多久的時間。又墮入惡道裏去了。世尊。這地藏菩薩。既然有了這樣不可思議的神力。爲甚麼衆生而不肯依止善道裏。好永遠的取得解脫。唯願世尊。給我解說出來。

釋、地藏菩薩。他既然有這樣的神力。爲甚麼不使衆生永久的依止在善道裏。又爲甚麼得到解脫了以後。又墮到惡道裏去了呢。這還是菩薩的神力不及呢還是衆生的心力不及。所以要請佛解說這疑點了。

佛告閻羅天子。南閻浮提衆生。其性剛強。難調難伏。是大菩薩。於百千劫。頭頭救拔。如是衆生。早令解脫。是罪報人。乃至墮大惡趣。菩薩以方便力。拔出根本業緣。而遣悟宿世之事。

解、佛告訴閻羅王說。南閻浮提的衆生。他的生性很剛強。難調和他。又難去制伏他。這大菩薩。於百千劫以來。一頭一頭的去救拔他們。像這樣的衆生。早令他們得到解脫。這應受罪報的人。乃至於要墮落在大惡趣裏去了。菩薩用方便的方法。拔出他們的根本業緣。而遣令他。覺悟他宿世的事情。

釋、地藏菩薩。雖然也知道衆生剛強。難調難伏。也要憑着他不倦的神力。慈悲的心腸。一頭頭來救拔我們。用種種的方法。剛的使他柔。強的使他和。罪報輕的。給他救拔。罪業重的。應墮阿鼻大地獄的。也用方法去拔除他的業緣。一切諸惡。都是從貪愛立根本的。貪同樹根一樣。貪根不拔去。他的貪念常在。愛不截斷。愛則潤生。所以說貪愛一拔除。一切業障惡習。像烈日消薄冰一樣。根本業緣既拔去。宿世的事情。自然都會覺悟的。可知能依十善業。便能解脫生死了。

自是閻浮衆生。結惡習重。旋出旋入。勞斯菩薩。久經劫數。而作度脫。

解、自然是閻浮提衆生。結惡的習慣重的緣故。所以像旋轉一般的。一旋出惡道。又旋入惡道了。勞苦了這菩薩。經過了久遠的劫數。而專門做他救度解脫衆生的事業。

釋、現在菩薩爲甚麼還沒有把衆生都作永遠的解脫呢。實在因爲衆生造惡的業力太重了。像撲火的飛蛾。作繭的春蠶一般的自作自受。所以菩薩要一個個的。細細的替我們解脫。經久遠刧數的勞苦。終得不到暫時休息的機會。

譬如有人。迷失本家。誤入險道。其險道中。多諸夜叉。及虎狼獅子。蚖蛇蝮蠍。如是迷人。在險道中。須臾之間。卽遭諸毒。

解、佛繼續說。譬如有人迷失了他本來的家鄉。錯誤的走進危險的道路中去。這危險的道路中。有許多的夜叉。以及虎狼獅子蛇蠍等毒物。這迷人一些不知道。只在這迷路中走去。在須臾的時間。就要遭着諸般的毒物害死了。

釋、有人。是指三界十惡衆生。這人既然迷失了法性的本來家鄉。誤走入了生死的險道中。就違背了智覺。去合上了塵障。流落在五濁惡世的險道中了。飛行夜叉。譬如做了人的五利使。虎狼獅子等。譬如做了人的五鈍中的慢使。蚖蛇蝮蠍譬如做了人的瞋毒使。像這樣放縱十使十惡業的人。就是在迷途中了。須臾之間。就被那貪瞋癡三毒的中傷害死了法身慧命。這正是無形的危險呀。

有一知識。多解大術。善禁是毒。乃及夜叉諸惡毒等。忽逢迷人。欲進險道。而語之言。

咄哉男子。爲何事故。而入此路。有何異術。能制諸毒。

解、有一個有知識的人。多能夠瞭解大的法術。很會禁制這各種毒害。乃及夜叉一類諸般惡毒害命的東西。忽然碰見了迷路的人。將要走進這條危險的道路裏去。便連忙告訴他說。喂。有這樣奇怪的男了。你爲了甚麼事情要走進這條路去。你有甚麼異常的本領。能夠會制伏這許多的毒物。

釋、地藏菩薩是前佛之後。後佛之前的。唯一無二的大智識。多解一切佛法。有調伏一切衆生身心的法術。善禁。就是持戒律。可以使你諸惡莫作。五逆十惡等。以及其他一切惡事。都可以稱爲毒物。咄者。是警覺人發急的聲音。忽逢。是菩薩逢機教道。逗留凡愚。使他們勿進這危險的迷路裏去。

是迷路人。忽聞是語。方知險道。卽便退步。求出此路。是善知識。提攜接手。引出險道。免諸惡毒。至於好道。令得安樂。

解、這迷路的人。忽然聽到這話。方才覺到這是險道。卽便退步了。想求出這條險路。這個善知識。就提攜他。接挽他的手。引他出了這條險路。免得這許多的惡毒物去害死他。再使他到於很好的道路裏去。令他得到安穩快樂。

釋、忽聞。是聽得四諦的妙法。方才知道走錯了路。就亟急退步。去尋本來的家鄉。是善知識。就是知道一切法門。識衆生根本的人。去教化他人。滅惡行善。就是提攜扶助。出這危險惡毒的迷路。善事漸漸的積得多了。自然可以到天道去享安樂。

而語之言。咄哉迷人。自今已後。勿履是道。此路入者。卒難得出。復損性命。是迷路人。亦生感重。

解、既然把他救出了。再告訴他說。喂。你這迷人。自從今天以後。不要再走這迷道了。走進了。終於難得走出的。又復損壞了性命。這迷路的人。聽了他的話。也生出感激尊重的意思來了。

釋、咄者。是再警醒他的用意。如今勿再重造惡業。再入三途的生死輪迴的險道了。因爲這險道。有五塵六欲。往往迷障住了你的本性方向。使你奔走不出。結果終損害了性命。現在他被這善知識一救出來。眞如飄流者得到還家。沉溺者得到登岸。還有不感激尊重的麼。

臨別之時。知識又言。若見親知。及諸路人。若男若女。言於此路。多諸惡毒。喪失性命。無令是衆。自取其死。

解、這知識者。和這迷路的人。臨別的時間。又同他說。你倘若見了親族和相知的朋友。以及諸多無知識的人。走進這條迷路中的。無論他是男是女。你要同他去說。這條迷路。有許多惡獸毒蛇。你進去就要喪你性命的。你終要同他們說的。不要令他們自己去取死呀。

釋、這一節。上段是敎他轉告。下段是敎他轉告的方法。總之。我們無論是甚麼人。見他走進了這條惡毒的迷路。就要想種種的方法。去警覺他。趕緊的叫他退出來。不要叫他自己去尋死。再敎退出來的人。一樣的去指導人家。這樣一來。自然可以輾轉傳化無窮盡了。也就是自利利他的正法。

是故地藏菩薩。具大慈悲。救拔罪苦衆生。生人天中。令受妙樂。是諸罪衆。知業道苦。脫得出離。永不再歷。

解、是爲了這緣故。地藏菩薩具了很大的慈悲心。救拔罪苦的衆生。生到天道中去。令他去受很好的快樂。這樣一來。這諸般的受罪苦的衆生。方才知道了這業道中。有這樣的苦趣。一經解脫得着出離。自然永遠的不肯再來經歷這苦趣了。

釋、這一節是表明譬喻的意義。地藏菩薩具有大慈悲。視這許多的罪苦衆生。如同自己的身體一樣。給他的快樂。就是拔他的苦楚。這一類的罪苦衆生。一受到天道裏的快樂。方才知道業道的苦楚。自然知罪悔過。不敢再造業了。

如是迷路人。誤入險道。遇善知識。引接令出。永不復入。逢見他人。復勸莫入。自然因是迷故。得解脫竟。更不復入。若再履踐。猶尙迷誤。不覺舊曾所落險道。或致失命。如墮惡趣。地藏菩薩方便力故。使令解脫。生人天中。旋又再入。若業結重。永處地獄。無解脫時。

解、像這樣迷路的人。誤入了險道。遇到了善知識。引接了令他退出。永遠不再走入險道了。碰見了他人。又復勸他不要走入。自然因爲有這迷路的緣故。所以能得到解脫的境界。既然得到了覺悟解脫的境界。自然不再走入了。倘若再要履踐進去。並非是眞正的覺悟。一進去。還是照舊要迷誤的。一迷誤。就不覺得這是舊時曾所墮落的險道了。或再仍舊傷失了性命。這正像墮入了惡趣一樣。譬如有人。雖然靠地藏菩薩方便救度之力。解脫了惡趣之苦。而轉生於人趣天趣之中。但是他脚力不堅。仍舊退落于惡趣之中。又去造種種惡業。等到惡業重時。便永遠處在地獄內面。受諸苦惱。再沒有解脫的機會了。

釋、這一節是直接上文結惡習重。旋出旋入一段。既然出了三途。生在天道。自應該精勤的修習。現在他因爲習慣的結惡。還沒有除盡。重新又造了惡。所以又要墮到迷途裏去。本性一迷。自然不曉得這條路是從前走過的。倘若不失性命。是夙世還有一些善根。出險也很快。若失了性命。不但不拔除根本業緣。連宿世的事都迷住了。和墮落惡道有甚麼兩樣呢。

爾時惡毒鬼王。合掌恭敬。白佛言。世尊。我等諸鬼王。其數無量。在閻浮提。或利益人。或損害人。各各不同。然是業報。使我眷屬。遊行世界。多惡少善。

解、這時間惡毒鬼王。合了掌。很恭敬的對佛說。世尊。我們諸般的鬼王。他的數目。

是多得沒有限量的。都住在這閻浮提世界裏。有的去利益人們。有的去損害人們。所做的事情都各人各不相同的。然而都是根據了衆生自作的業報。遣使我們的部下眷屬。到世界上去遊行鑒察。但是衆生都是惡的多。善的少。

釋、惡毒鬼王。是鬼王的領袖。所以要先代他們的大衆發言了。鬼王有威德的。也有宮殿居室。沒有威德的。都散住在草木坟墓。以及糞穢不淨的地方。本來我們的人。無論男女。都有鬼神追隨守護的。但現在爲甚麼反要受鬼神的觸犯呢。這都是我們世人專做殺。盜。淫。謊。貪。瞋。等邪事。自己去引動他的。要曉得他們的宗旨。是這樣的。見你是善人。他都保護你。見你是惡人。他們都來損害你。世間上的人。惡的多。善的少。所以世間上的鬼神。也變成惡的多。善的少了。

過人家庭。或城邑聚落莊園房舍。或有男子女人。修毛髮善事。乃至懸一幡一蓋。少香少華。供養佛像。及菩薩像。或轉讀尊經。燒香供養。一句一偈。

解、這許多遊行的鬼神。行過世人的家庭。或是行過城邑聚落。莊園。房舍時間。或見了有男子女人。修做了像毛髮一般的善事。乃至於懸一幡一傘蓋。少許的香。

少許的花。供養佛和菩薩的像。或轉讀各種的佛經。燒香供養。一句一偈的經文。

釋、不要說是省城縣邑鄉村聚落一等的大地方。就是我們所居的半間一室等的小地方。也有鬼神鑒察着的。所以孔聖要說。十手所指。十目所視。了就是你在極幽密的地方。做一些極細小的善事。將來也有極大的福報給你。你若做一些小惡。將來自然也有極大的惡報給你的。所以古人說。勿以善小而勿爲。勿以惡小而爲之。因爲事情雖小。報應却都是很大的。

我等鬼王。敬禮是人。如過去現在未來諸佛。勅諸小鬼。各有大力。及土地分。便令衞護。不令惡事橫事。惡病橫病。乃至不如意事。近於此舍等處。何況入門。

解、倘若做了上節所說的。懸旛。燒香。鮮花等供養佛菩薩的人。我等鬼王。都敬重禮拜這人。像敬禮過去現在未來三世的諸佛一樣。督敕着許多小鬼。各個都有大力的小鬼。以及土地分神。敎令他們保衞擁護。不令兇惡的事。橫暴的事。惡毒的病。兇橫的病。乃至於不如意的事。來逼近這宅舍所在的一等地方。何況令他們入門呢。土地分。是說分界所守的本分。

釋、爲甚麼只做了些供養佛一類的細小事情。他們就要這樣敬禮我們呢。因爲念佛。禮佛。敬佛。將來必定成佛。況且三世諸佛。都從小善而積成的。所以他們要這樣的敬禮衛護了。既然有這許多大力鬼神在屋宅外守禦。那横禍。惡事。兇病時疫一類。還能夠近門麼。這樣一來。還有甚麼事不如意呢。

佛讚鬼王。善哉。善哉。汝等及與閻羅。能如是擁護善男女等。吾亦告梵王帝釋。令衛護汝。

解、佛聽了這話。就稱讚惡毒鬼王說。很好。很好。你們一等。以及閻羅王。能像這樣的擁護善男女一等人。吾也要告訴梵王。和帝釋。令他們來衛護你們。

釋、如來爲甚麼歡喜稱讚呢。因爲鬼王所領的鬼。都是很兇惡的。有的去撓害諸天。又有的去撓害人民。又很嫉惡。令人家殺生祭祀他們。現在他們既然能這樣擁護善男女。轉兇惡。做護法。自然是最好的了。所以一善。稱他會改惡護善。一善。讚他却退横禍。增人福德。爲此。佛也要告訴統率小千世界的大梵王。和主攝欲界六天的釋提桓因。轉來保護他們了。這方才是循環的天理。

說是語時。會中有一鬼王。名曰主命。白佛言。世尊。

解、說這話的時間。在會中有一個鬼王。名叫做主命的。對佛說。世尊。

釋、我們的人雖然是生死都有命的。但是命也可以自己改造的。命短的人。倘若肯修做佈施放生等善事。這就是保衞生命。命也加長了。福也加多了。倘若命長的人。他專做慳貪殺生的惡事。這就是自殺生命。自然壽命也減短了。禍殃也多了。

我本業緣。主閻浮人命。生時死時。我皆主之。在我本願。甚欲利益。自是衆生。不會我意。致令生死。俱不得安。

解、主命鬼王。對佛說。世尊。我根據了世人自作的業緣。主管閻浮世界的人命。生的時間。死的時間。都是我所主管的。在我的心願呢。很想要利益他們。因爲是衆生不能領會我的意思。致令他們生死都得不到平安。

釋、因爲我們世人的命運。都隨着他所做的善惡業緣。時時改變的。他雖然要利益人們。但是人們都領會不到他的好意。在那生死關頭。常常殺生害命的祈神禱鬼。自取禍殃。那當然反要得不到安樂了。

何以故。是閻浮提人初生之時。不問男女。或欲生時。但作善事。增益舍宅。自令土地無量歡喜。擁護子母。得大安樂。利益眷屬。

解、爲甚麼緣故呢。這閻浮提的人。起初欲生子受胎的時間。不問他是男是女。或是懷孕滿足欲生產的時間。但要做放生一等的善事。一做善事。自然能增益家宅的光輝。自然能令土地神無量的歡喜來擁護。這子母都得到很大的安樂。而且還可以利益到這一家的大小眷屬。

釋、凡是婦人受了胎。就要修福。做佈施等善事。等到十月滿足了。生產的時間。更要緊做放生等善舉。可以消除這小孩的業障。增加他今生的福基。不但是土地等來擁護母子。就是一家的眷屬。也都可得到平安。

或已生下。慎勿殺害。取諸鮮味。供給產母。及廣聚眷屬。飲酒食肉。歌樂絃管。能令子母。不得安樂。

解、或者是小孩已經生下了。要當心。切勿殺害性命。取了諸般的鮮味。供給產母去喫。以及廣大的邀請親朋。聚集眷屬。辦了筵席。飲酒喫肉。再勿歌唱絃管音樂。因爲這樣的一來。能令這母子兩個。都得不到安樂了。

釋、凡人沒有兒子。就要悲歎。有了兒子。自然歡喜。不想一切的禽獸水屬。也是一樣的愛惜他的兒子的。現在你去殺死了他人的兒子。來慶賀我的兒子。試問你的心安樂不安樂。爲甚麼叫你們謹慎切勿殺生呢。因初生的孩子和產母。你應該去做放生一類的善事。增加他們的福壽。你現在反去造殺生一等惡事。去減削他們壽命。這不是很危險麼。況且那彌月湯餅會的酒席。多半是糜費的。能將這費去救濟貧寒。更有功德。就是不能節省。也應改設素席。何必定要殺生呢。歌樂難免觸犯鬼神。也是沒有利益的事。

何以故。是產難時。有無數惡鬼及魍魎精魅。欲食腥血。是我早令舍宅土地靈祇。荷護子母。使令安樂。而得利益。如是之人。見安樂故。便合設福。答諸土地。翻爲殺害。聚集眷屬。以是之故。犯殃自受。子母俱損。

解、爲甚麼緣故呢。因爲是在這產難的時間。有無數惡鬼及魍魎鬼。精怪。妖魅。要喫這腥血。是我早令舍宅土地的靈祇。保護他母子兩個。使他安樂。而得到利益。像這樣的人。見得到了安樂的緣故。便合修福修善。報答諸位土地的神靈。他們現在不但不報答他們。翻做殺生害命。聚集了親友眷屬。任意飲酒喫肉。以是這個緣故。犯了禍殃。就是自作自受。子母都要受損害了。

釋、主命既然是我。那麼我自然要負荷保護這母子的責任了。母子既然都平安快樂。應該修做善事。報答他們荷護的恩德。現在翻設席請客。飲酒食肉。絃管歌唱。自然要觸犯了神鬼的惱怒。使你們母子都受禍殃了。怎樣的禍殃呢。使羅刹等惡鬼喫掉你的胞胎。使產母無子。奪小孩的生命。使他夭殤。這要責罰自己的殺生不好。幷不能怪主命土地宅神等。不來保護你們。

又閻浮提臨命終人。不問善惡。我欲令是命終之人。不落惡道。何況自修善根。增我力故。

解、還有那閻浮提臨命終的人。不問他是善是惡。我欲令這命終的人。不墮落惡道裏去。何況他生時能夠自己修習善事。來增加我願力的緣故呢。

釋、我們人的生死。在佛看起來。猶如幻滅的水泡一般。一息不來。性命就沒有了。到臨死的時間。在生所作的業。頓時都現出他的前面。但是世人都是隨業循環的。有幾人肯修習善事呢。所以都要落到惡道裏去。幸得這主命鬼王的慈悲。都不令他墮落。那麼肯修佈施守戒等善業的人。再去加增主命的威德。一定自然令你生到天上去了。

是閻浮提行善之人臨命終時。亦有百千惡道鬼神。或變作父母。乃至眷屬引接亡人。令落惡道。何況本造惡者。

解、就是這閻浮提行善的人。臨命終的時間。也有百千數惡道裏的鬼神。變作了父母。乃至於變作諸般親眷家屬一類的人。假意來接引亡人。其實呢令他墮落到惡道裏去。何況是本來是造業的人呢。

釋、一個人到臨終的時間。像欠債人到了年三十夜一樣。各處的債主。都包圍攏來。逼迫得你不可開交。見了刀山劍樹。會認作園林的。見了馬腹牛胎。會認做堂宇的。善人尚且如此。何況造惡的人呢。倘若你是平日發願念佛的人。這時間佛就放光來接引你。那惡魔自然都遠避了。

世尊。如是閻浮提男子女人。臨命終時。神識惛昧。不辯善惡。乃至眼耳更無見聞。是諸眷屬。當須設大供養。轉讀尊經。念佛菩薩名號。如是善緣。能令亡者離諸惡道。諸魔鬼神。悉皆退散。

解、主命又繼續叫着佛說。世尊。像這樣的閻浮提的男子女人。臨命終的時間。神靈和知識。都是很惛昧迷惑的了。自己已經不會辨別是善是惡。乃至於眼和耳。都沒有見聞的能力了。當這時候諸般親眷家屬。應當須要替他供養佛菩薩的像。轉讀這部地藏經。或是他種佛經。念了佛菩薩的名號。有像這樣的善緣。能夠令這死亡的人。脫離諸般惡道。那許多的魔鬼神祇。也都退散了。

釋、無論何人。在命終將死的時間。神識都已惛迷了。這時候家人切勿號哭。因爲死人一聽哭聲。神魂忙亂。就會墮落地獄裏去的。最好在氣息將斷未斷之間。立刻代他焚香念佛。自己不會念。請和尚來念一樣的。（這和尚要敬重他）佛要念得字字響喨清楚。令死人聽進去。這樣一來。就是要落地獄的人。也會上天去了。

要等過八小時以後。身體完全冷透。那麼哭就不要緊的。這是死人的緊要關頭。做父母子女夫妻親眷一等。切切注意。（要知道詳細、可以買一冊飭終津梁看看。）

世尊。一切衆生臨命終時。若得聞一佛名。一菩薩名。或大乘經典。一句一偈。我觀如是輩人。除五無間殺害之罪。小小惡業。合墮惡趣者。尋卽解脫。

解、主命又叫着佛說。世尊。一切的衆生臨命終的時間。倘若聽到一佛的名號。一菩薩的名號。或聽到大乘經典的一句一偈。我瞧像這一輩的人。能消除五無間地獄。以及殺害生命的大罪的苦楚。一些小小的惡業。就是合當墮入惡道裏去的。頃刻就給他解脫了。

釋、臨終的時間。一聽到這佛和菩薩的名號。心一起正念。業障自然都消除了。這一念的發心。且已經種下將來成佛的聖因。這小小的罪業。正像赤日曬微霜一樣。那裏還有餘業呢。

佛告主命鬼王。汝大慈故。能發如是大願。於生死中。護諸衆生。若未來世中。有男子女人。至生死時。汝莫退是願。總令解脫。永得安樂。

解、佛告訴主命鬼王說。你有這樣大慈悲的緣故。於世人的生死中間。能夠保護諸類的衆生。倘有未來世之中有男子女人。到了生死的時間。你不要退失了這願力。總要令他們得到解脫。使他們永遠的得到安樂。

釋、鬼王竟有這樣的存心。所以佛要稱讚他發慈悲的大願了。現在他既然能發這慈悲的大願。就是佛菩薩了。那麼還可以去退失這慈悲願力麼。但是這願力。要普遍的。不論是男是女。是死是生。有罪無罪。大惡小惡。統統令他們解脫。常常得在人道天道裏去享安樂。方才不負我今天的叮囑了。

鬼王白佛言。願不有慮。我畢是形。念念擁護閻浮衆生。生時死時。俱得安樂。但願諸衆生。於生死時。信受我語。無不解脫。獲大利益。

解、鬼王對佛說。願你不要憂慮。我當畢盡我的形體壽命。念念要去擁護這閻浮世界的衆生。生的時間。死的時間。都可以教他們得到安樂。但願這諸類的衆生。於這生死的時間。相信聽受我的話。自然沒有一個不得到解脫。獲到這大利益的。

釋、但願衆生信受我語。是重指前文。愼勿殺生。念佛。供像。讀經等就是。我們生在這閻浮提世界的衆生。生和死的時間。都得到這許多的佛菩薩和鬼王等來保護。這是多麼的幸運呀。若能聽從他的話。自然感應道交。更加可以得到安樂幸福。雲棲大師說。祭祀先亡。也切勿殺生。可以增加他的冥福。

爾時佛告地藏菩薩。是大鬼王主命者。已曾經百千生。作大鬼王。於生死中。擁護衆生。是大士慈悲願故。現大鬼身。實非鬼也。

解、這時候佛告訴地藏菩薩說。這大鬼王主命的。已曾經歷過百千生作大鬼王了。在於世人的生死中間。專門擁護衆生。這位大士因爲要行慈悲的大願的緣故。所以現化這鬼王的身形。其實他並非是鬼。

釋、諸佛的根本。是相同的。着跡的現相。是各各不同的。他現在現這個相。也無非是抱着慈悲的大願來普利衆生而已。譬如天上一月。印在各處的水裏。水裏的月。原是作不得眞的。若要當作他是眞。那就失了根本了。可知所現的大鬼王身。那裏是眞的呢。

卻後過一百七十劫。當得成佛。號曰無相如來。劫名安樂。世界名淨住。其佛壽命。不可計劫。

解、卻後過一百七十劫。自然應得着成佛了。名號叫無相如來。在他成佛的一劫。名叫安樂劫。他所修成作佛的世界。名叫淨住。這佛壽命的長。不可計算他的劫數了。

釋、利益衆生的萬事做畢。自有萬德莊嚴的果位。這都出於自然的。佛本是無相的。就是無相也是沒有的。現在以鬼相而現無相。就是無相的相了。用無相法門去觀瞧。各種猙獰可怕的鬼相。就是有相也等於無相了。相相都無。空無一物。那末還有那一處不是安樂地。那一處不是淨住世界呢。

地藏。是大鬼王。其事如是。不可思議。所度天人。亦不可限量。

解、佛又叫着地藏說。這般的大鬼王。他的事情。是這樣子不可以思議的。所度脫的天道和人道的衆生的多。也不可以限量的了。

釋、這一類的鬼王。都是解脫菩薩的慈悲誓願。分形布影。示現化身在六道之中。

化成同類。爲善知識。行種種方便。去引導利樂一切衆生。同證佛果。在天人兩道化度得更多。要知道世界上一切現相。都是浮塵幻化。在相當之時。隨生隨滅的。眞性本是寂默不動。不可以思議的。

稱佛名號品第九

解、地藏菩薩說。稱念佛號的功德。這是本經的第九品。

釋、念佛是人家都曉得的。爲甚麼也要列一品經呢。因爲有許多人只曉得念佛不曉得其中的意義。還有一種貪欲的鄉下老婆婆。說念佛可以作銅錢用的。這種荒謬怪誕的論調。正是可憐又復可笑了。從來不曉得念佛的眞實利益。和眞實的功德。現在地藏菩薩。來詳細的說給我們聽。所以這品題看去是很平常的。其實是最緊要的一品。我們要格外認眞的去讀。

爾時地藏菩薩摩訶薩白佛言。世尊。我今爲未來衆生。演利益事。於生死中。得大利益。唯願世尊。聽我說之。

解、這時候地藏菩薩大菩薩。叫着佛說。世尊。我現在爲未來的衆生。來演說最有利益的事情。在他們的生死中間。都可以得到大利益。唯願你世尊聽我說這話。

釋、我佛出世。無非要爲我們衆生解脫生。老。病。死。四大苦難。又早已曉得末劫衆生業障深重。難解難脫。因此又復設立這念佛方便的大法門。可以依仗佛力了脫這生死的四大苦難。所以說念佛一句。可以消無量罪。得無量福。現在菩薩要世尊聽。是要佛金口來證實。可以使我們更加相信了。

佛告地藏菩薩。汝今欲興慈悲。救拔一切罪苦六道衆生。演不思議事。今正是時。唯當速說。吾卽涅槃。使汝早畢是願。吾亦無憂。現在未來一切衆生。

解、佛告訴地藏菩薩說。你現在欲發興慈悲的大願。救拔那一切在六道裏的罪苦衆生。演說這不可思議的念佛法門。現在正是到了這個時間了。是的。應當要快說了。吾就是入了涅槃。倘使你早早了畢這大願。吾也可以不必再去憂愁現在未來的一切衆生了。

釋、菩薩說這方便度殘機的法門。一是爲了體會佛在天宮的付囑他的心意。二是要救拔我們南洲衆生的苦難。佛爲什麼催促他快說呢。因爲佛自已化緣將息。已將滅度。見這六道衆生。還是沉淪受苦。若不從此救濟。不但佛涅槃了於心不安。就是地藏菩薩的大願。也永難圓滿了。現在有了這稱名的法門。不論賢愚。人人可以解脫苦難。終至同成佛果。

地藏菩薩白佛言。世尊過去無量阿僧祇劫。有佛出世。號無邊身如來。若有男子女人。聞是佛名。暫生恭敬。卽得超越四十劫生死重罪。何況塑畫形像。供養讚歎。其人獲福。無量無邊。

解、地藏菩薩叫着佛說。世尊。過去無量數的阿僧祇劫。有一尊佛出世。名號叫無邊身如來。倘若有男子或是女人。聽了這佛的名號。就是暫時的生出恭敬心來。就得到超越過四十劫的生死重罪。何況塑畫他的形像。去供養他讚歎他呢。這個人獲得的福德。是無量無邊的了。

釋、所說的佛都是指已經過去的。越是在後指出的。却越是在前這諸佛是地藏菩薩所親自見到的。於此可以證明他的發心是最久遠的了。無邊身是指佛隨機應化的應身。因爲一切諸佛。從無量劫以來。所修習的福德。是無量的。所以你能去端正專一的去恭敬他。香花去供養他。你所得到的福分。自然也無量無數的了。

又於過去。恆河沙劫。有佛出世。號寶性如來。若有男子女人。聞是佛名。一彈指頃。發心歸依。是人於無上道。永不退轉。

解、又在於過去的恆河沙的劫數、有一尊佛出世。他的名號叫做寶性如來。倘若有男子女人。聽了這佛名。一彈指的時間。發心去歸依他。這人對於這無上的佛道。就可以永不退轉了。

釋、恆河沙劫較前又要多了。寶性。寶是珍寶。性是本性。是說諸佛如來。是我們衆生的最寶貴的本性一樣。有修行經過阿僧祇劫的功行。還沒有成功。反不及念佛法門在一彈指頃。他的果位就不退了。有教化四天下。以及六欲天。已經得到四乘果位的。還不及三歸依的功德。這可知念佛是有不可思議的大功德了。一聞佛名便起信心。那都是憑了自性的佛寶來歸寶性。那自然可以永不退轉了。

又於過去。有佛出世。號波頭摩勝如來。若有男子女人。聞是佛名。歷於耳根。是人當得千返。生於六欲天中。何況志心稱念。

解、又在比前還要過去的時間。有一尊佛出世。他的名號叫做波頭摩勝如來。倘若有男子女人。聽了這佛名。經歷過耳根。這人應當得着一千回的往返。生在六重的欲界天中間去。何況一志誠心的去稱念呢。

釋、波頭摩。翻中文叫紅蓮花。蓮花有數種。紅的最好。所以叫勝。佛蓮千瓣。此喻作千返。六欲不淨。佛法和蓮花一樣。可以出汚泥不爲他汚染。但是一名經耳。便可以千返生天。志心念佛。自然有成佛的期望了。

又於過去。不可說不可說。阿僧祇劫。有佛出世。號師子吼如來。若有男子女人。聞是佛名。一念歸依。是人得遇無量諸佛。摩頂授記。

解、再過去不可說不可說的阿僧祇劫。有一尊佛出世。他的名號叫做師子吼如來。倘若有男子和女人。一聽到這佛的名號。起了一個想去歸依他的念頭。這個人就得到無量數諸佛摩他的頂。給他授記了。

釋、如來修到了正等正覺。當於大衆廣說佛法的時間。自在沒有一些畏懼。所以稱做師子吼。是譬如佛說法。法音大震。一切邪道像禽獸一樣。畏怖懾伏。一念歸依。就得到諸佛的摩頂授記。將來就有佛的一切種智了。

又於過去有佛出世。號拘留孫佛。若有男子女人。聞是佛名。志心瞻禮。或復讚歎。是人於賢劫千佛會中。為大梵王。得授上記。

解、又在於比前過去的時間。有一尊佛出世。他的名號叫拘留孫佛。倘若有男子和女人。聽到了這佛的名。一志誠心的去瞻禮他。或是讚歎他。這人在於賢劫千佛的會中。就可以做大梵王了。還得着授無上的菩提記。

釋、拘留孫。翻中文叫所應斷。這是從五住二死立名的。人壽在六萬歲的時間。這佛就在世界上出現。救度衆生。志心屬於意。瞻禮屬於身。讚歎屬於口。三業清淨。福慧漸漸的上去。可以做到大梵王。再一直上去。就可以授無上菩提記成佛了。

又於過去。有佛出世。號毗婆尸。若有男子女人。聞是佛名。不墮惡道。常生人天。受勝妙樂。

解、又在於比前過去的時間。有一尊佛出世。他的名號叫毗婆尸。倘若有男子女人。一聽到了這佛的名號。就不墮落到惡道裏去。常常生在人道和天道裏去。享受快樂。

釋、這一尊佛。在已過去的莊嚴劫的千數之中。第九百九十八尊。毗婆尸。翻名維衛。也叫做勝觀。不墮惡道。是全仗佛力的護持。倘一聞到這名號之後。肯不間斷念佛。一定可以超昇天道。享種種的快樂了。

又於過去。無量無數。恆河沙劫。有佛出世。號寶勝如來。若有男子女人。聞是佛名。畢竟不墮惡道。常在天上。受勝妙樂。

解、又在過去無量無數恆河沙的劫數。有一尊佛出世名號叫寶勝如來。倘有男子或是女人。一聽到這佛的名號。畢竟終不會墮落在惡道裏去。常常生在天上。受很好的快樂。

釋、寶勝如來。寶有在世間的寶。有出世間的寶。世人萬物。最尊貴的就是寶。但是念佛就可以得到了生脫死。可知道佛寶是勝過世間的寶。又勝過各種出世間的寶了。如來的誓願。本來是拔濟衆生的。一聞佛名。就不墮惡道。時時稱念。自然

能夠證到無上的佛道。（勝妙也可以作無上道解的）

又於過去。有佛出世。號寶相如來。若有男子女人。聞是佛名。生恭敬心。是人不久。得阿羅漢果。

解、又在比前過去的時間。有一尊佛出世。他的名號叫寶相如來。倘若有男子女人。聽到了這佛的名號。就生出了一種恭敬的心來。這個人不要許久的時間。就可以得到阿羅漢果。

釋、寶相就是佛的無去無來的法性實相。所以叫做寶相。

又於過去。無量阿僧祇劫。有佛出世。號袈裟幢如來。若有男子女人。聞是佛名者。超一百大劫。生死之罪。

解、又在比前過去的無量阿僧祇劫。有一尊佛出世。名號叫袈裟幢如來。倘若有男子或是女人。聽到這佛的名號。可以超過一百大劫裏的生死的大罪。

釋、袈裟。就是如來寶幢的形相。是表佛的莊嚴。倘若着袈裟的時間。生出一種作佛寶幢的思想。就能消滅許多的罪業。因爲如來修習萬行。能得到這樣莊嚴。所以世人一聞其名。立時就可以超脫百劫生死的大罪了。

又於過去。有佛出世。號大通山王如來。若有男子女人。聞是佛名者。是人得遇恆河沙佛。廣爲說法。必成菩提。

解、又在比前過去的時間。有一尊佛出世。名號叫大通山王如來。倘若有男子或是女人。一聽到了這佛的名號。這個人可以得到遇着恆河沙數的佛。廣大的給他說法。將來。定可以修到菩提的果位。

釋、妙高峯是山中的王。有八萬四千由旬大。是金。銀。銅。鐵。四寶所合成的。映照明徹叫做通。譬如佛的報身。像妙高峯一樣的高。都是佛修萬行功德所成就的。這報身能夠通法身和應身的體用。不但是一佛是這樣。佛佛都是這樣的。所以聽到這一佛的名號。就有無量數的佛來給你說法了。依法修持。必定可以成就正覺的果海。

又於過去。有淨月佛。山王佛。智勝佛。淨名王佛。智成就佛。無上佛。妙聲佛。滿月佛。月面佛。有如是等不可說佛。

解、又在比前還要過去的時間。有淨月佛。不染一塵叫淨。隨機應現。如水中月。山王佛。是佛修成的報身。高大如山王。恭敬瞻仰。可以得無量福。智勝佛。是佛的智慧。勝過一切。所以也叫一切種智。淨名王佛。一切業障斷盡。清淨自然。以斷惑立名的。智成就佛。是功德的修成。性體的成就。都從智力成就的。無上佛。無上是尊極的稱謂。惑盡理極。方才可稱。佛法就是無上法。我們能夠起信。就可以得無上果。妙聲佛。是說如來應機說法。圓妙聲音。遍佈十方。滿月佛。是譬如十五夜的明月。圓滿具足。月面佛。佛的面清朗圓滿。人人見了都很歡喜。是比喻佛的好相。還有像這樣一等的說不盡的佛。不再說出劫數。這是總結了。

釋、地藏菩薩說出了這許多的佛。可知他發心以來。是很遠很遠的了。叫他救度衆生。並不是受釋迦佛的一個人付囑。已經受等等佛付囑過了。

世尊。現在未來一切衆生。若天若人。若男若女。但念得一佛名號。功德無量。何況多名。是衆生等。生時死時。自得大利。終不墮惡道。

解、地藏菩薩又叫着佛說。世尊。現在和未來的一切衆生。無論是在天上。在人間的。男子和女人。但只要念得一佛的名號。就有無量數的功德了。何況念這許多的名號呢。這一等的衆生在生的時間。和死的時間。自然都可以得到大利益。終於不墮落惡道的了。

釋、這一節是總說念佛的利益。但是念佛最要緊是很恭敬的攝心念念。念念都要從心中流出。方才可以得到無量無邊的眞實功德。佛本來是一樣的。爲甚麼我們都要念阿彌陀佛呢。因阿彌陀佛接引我們的娑婆世界衆生的願力。要比一切諸佛更大。你能夠念他。在活着時間。放光來攝受你。保護你安甯快樂。死的時間。一念就可以往生極樂。那裏還會墮落惡道呢。

若有臨命終人。家中眷數。乃至一人。爲是病人。高聲念一佛名。是命終人除五無間罪。餘業報等。悉得消滅。是五無間罪。雖至極重。動經億劫。了不得出。承斯臨命終時。他人爲其稱念佛名。於是罪中。亦漸消滅。

解、倘若有臨命終將要死的人。這病人的家中的眷屬。就是只有一個人爲這病人提高了聲音。念一尊佛的名號。這命終的人。除五無間的罪報外。其餘的一等業報。都得着消滅。這五無間的罪。雖然是犯得極重。動經億劫。還不能夠了。不能夠出的重罪。承了這臨命終時間。他人給他稱念佛名。在於這大罪中的人。也漸漸的會給他消滅起來了。

釋、倘若有人臨死的時間。家人都給他念佛。人越多。功德越大。不但是死人得大利益。就是活人得到的利益也很多的。因爲死的人。一提正念。便可以不落邪思了。這樣大的五無間罪。尚且要消除。何况一些小獄的餘報呢。不但消罪。也許神識超昇。可以往生極樂。

何况衆生。自稱自念。獲福無量。滅無量罪。

解、何况衆生能夠自己稱名。自己念佛呢。這不但是獲得的福德無量。簡直還可以消滅無量的罪。

釋、他人代念有這樣的功德。何况自己念呢。因爲臨死的時間能夠决心念佛。應驗要比平常勝過百倍。可以往生淨土。但是。不是平常時間用功念佛。臨死的時間。那裏還有這樣的功夫和决心呢。

校量布施功德緣品第十

解、佛答地藏菩薩問。校量布施功德因緣差別的事。這是本經的第十品。

釋、修萬種的功德。以布施爲第一。布施是救度衆生的出發點。是成佛惟一的資助。

總之有大功德就是了。還何必再校量呢。因布施也有三種分別。一是用財布施。二是用法布施。三是用無畏的事理去布施。所以就要分別校量了。施財只得到享天福的報應。施法。法有世法出世法二種。也有深淺。施無畏有事無畏理無畏二種。也分深淺的。但是無論你做那一種。倘若不將所有布施的功德去迴向法界衆生。這功德都是小的了。而且做了布施。不能將這功德牽緣在心裏。要這樣想。這本來是我們應該要做的事情。福報不福報。都不希望的。這就是畢竟可以成佛了。

爾時地藏菩薩摩訶薩。承佛威神。從座而起。胡跪合掌。白佛言。世尊。我觀業道衆生。校量布施。有輕有重。有一生受福。有十生受福。有百生千生受大福利者。是事云何。

唯願世尊。爲我說之。

解、這時候地藏菩薩大菩薩。承了佛的威神。從座位上立起來。到佛的前面胡跪着合了掌。對佛說。世尊。我觀看業道裏的衆生。較量布施的事情。有一生受福的。有十生受福的。有百生千生受大福報的。這裏面的事情是甚麽樣的。唯願你世尊。解說給我聽。

釋、我們在業道裏的衆生。無論你做那一種事。都有業跟着的。一是黑業。一是白業。黑業是做惡事。白業是做布施等善事。但是布施有輕重。受福也有大小的。所以要叩問佛了。地藏菩薩並不是眞的不曉得。不過他慈悲心切。爲我們衆生代問罷了。

爾時佛告地藏菩薩。吾今於忉利天宮。一切衆會。說閻浮提布施校量功德輕重。汝當諦聽。吾爲汝說。

解、這時間佛告訴地藏菩薩說。吾今天在這忉利天宮。一切衆會的地方。來說這閻浮提布施較量功德的輕重。你應該當心的聽。吾給你說。

釋、佛當着法衆這樣的說。是表示一種很尊重。很緊要的一件大事。使在法會的大衆更加注意。

地藏白佛言。我疑是事。願樂欲聞。

解、地藏菩薩對佛說。我疑心這等事情。很願意要聽你說。

釋、因爲菩薩正在疑心這一等事情。自然罷不得立時叫他解說明白。還有不願意聽的麼。

佛告地藏菩薩。南閻浮提。有諸國王。宰輔大臣。大長者。大刹利。大婆羅門等。若遇最下貧窮。乃至癃殘瘖瘂。聾癡無目。如是種種。不完具者。

解、佛告訴地藏菩薩說。南閻浮提世界。各國的國王。以及宰相大臣。大長者。大刹利。大婆羅門一等。倘若遇着了最下一等的貧窮的民衆。乃至於癃。殘。瘖瘂。聾子。瞎子。像這樣種種肢體殘廢。不完全的一等人。

釋、國王能夠做發心布施的事情。就可以救濟許多人了。宰相大官等。都同萬民的父母一樣。應當有撫恤貧民的良心。還有王族的刹利。淨行修道的婆羅門。以及閒居享福的富家子弟等人。這都是應該做布施的人。爲什麼呢。因爲這般享福的人。都是前世做布施修來的。像這駝子。啞子。癡子。聾子。瞎子等等。肢體不完具的殘廢者。因爲他們前生只貪自己享樂。不肯布施貧窮殘廢。見人家做布施。還要譏笑。使人家不信。所以現在得到這種苦報應。

是國王等。欲布施時。若能具大慈悲。下心含笑。親手徧布施。或使人施。軟語慰喩。是國王等所獲福利。如布施百恆河沙佛功德之利。

解、這國王大官一等的人。要布施的時間。倘若能夠具足了大慈悲的心意。自然肯屈尊就卑。降下自高的心。含着慈悲的笑容。親手的普徧的去布施。或者差使用人代去布施。也要叫他用了和軟的說話。去安慰他們。像這國王一等的人。所獲得的福利。像布施了恆河沙數佛的功德。和利益。還要加一百倍哩。

釋、這是佛教我們行布施時的方法。凡是布施。從自身的慈悲心。憐愍心發出的。這方才是眞正的布施。也方才肯降下尊貴的品格。去謙就下賤。內存慈悲心。外現慈悲相。含着笑容一些不吝惜的。親手去布施。或在別的地方叫用人去布施。

也要叫他不可驕傲。看輕人家。終要用輭話去安慰他。這就可叫做善法施。所以功德就重大得了。不得或是自己本來不願意的。被人家勸募強捐的。那功德就輕。就小得很了。

何以故。緣是國王等。於是最貧賤輩。及不完具者。發大慈心。是故福利。有如此報。百千生中。常得七寶具足。何況衣食受用。

解、爲甚麼緣故呢。因爲這國王一等。能夠對於這最貧賤一輩。以及殘廢的人。發出很大的慈悲心。所以得到的福利能夠像這樣的。百千世的中間。常常得到七寶具足。何況衣食等。自然受用不盡了。

釋、布施雖然以慈悲心爲主。但是也有緩急的分別。譬如我布施身體健全的貧窮者。當然也要布施身體殘廢的孤獨者。錢多的人。布施得多。錢少的人。布施得少。但是心一樣的慈悲。所得的功德也是一樣的。有一種只求慈善名望的人。不注重實際。見了貧窮下賤的人。任意呵罵。不加憐惜。這種人。錢雖化得多。福就獲得很少了。

復次地藏。若未來世有諸國王。至婆羅門等。遇佛塔寺。或佛形像。乃至菩薩。聲聞。辟支佛像。躬自營辦。供養布施。

解、佛又給地藏菩薩說。倘若未來世有諸國的國王至於修淨的婆羅門一等人。遇着佛的塔寺。或是佛的形像。乃至於菩薩。聲聞。辟支佛。一等的形像。親身的去營造創辦。去供養布施。

釋、前節是說我們應該去布施的人。這一節是說我們應該去布施的地方。未來世。是菩薩遠顧後人的慈悲。躬自營辦。是表示一種尊重。塔。墓。是葬埋聖人靈骨和舍利的地方。創造寺院可以安供佛像。使他人得瞻禮獲福。這都是重大的布施。

是國王等。當得三劫。爲帝釋身。受勝妙樂。若能以此布施福利。迴向法界。是大國王等。於十劫中。常爲大梵天王。

解、像這國王一等的人。應當可以得到三劫做天上的帝釋。受最勝最好的快樂。倘若能夠將這種的布施的福利。不佔做私有。就去迴向給法界衆生。那麼這大國王一等。能於十劫之中。常常可以做到大梵天王了。

釋、倘若不是布施。塔寺。庵。廟。一等地方。那裏可以得到這樣的大功德呢。但是功德雖大。只有個人貪着受樂。現在一迴向給法界。譬如一杯水。瀉入大海裏。共大海渾化。那麼這一杯水。彷彿就是大海了。你要收囘這杯水。除非要將這大海的水。一杯一杯舀乾不可。這就是以少化多。以小化大的重要方法。我們有了一毫一滴的功德和福利。都要迴向法界。也就是這個道理。

復次地藏。若未來世有諸國王。至婆羅門等。遇先佛塔廟。或至經像。毀壞破落。乃能發心修補。是國王等。或自營辦。或勸他人。乃至百千人等。布施結緣。

解、佛又對地藏菩薩說。倘若未來世有諸國的國王。至於婆羅門一等人。遇着前人所造的塔廟。或者至於佛經。佛菩薩的聖像。已經毀壞。破損。剝蝕了。乃能夠發心去修補。他這國王一等的人。或者自己個人營造辦理。或者勸他人去辦。乃至於勸百千人等。共同來做布施結緣的事情。

釋、因爲塔。寺。庵。廟。這等。都是供奉佛像。保藏經典的地方。倘若年代久遠了。寺完倒塌。應當從新建造。佛像剝蝕。失了莊嚴。應該重新修飾。佛經書籍。紙頁破裂。蠹蛀。應該去裝訂修補。或者重新印刷。辦理這種事情。財力足的。一人獨做。財力不足。同他人合做。自己沒有財力。勸人家去做。這個不肯。勸那個。勸到成百成千。不會厭倦。或是一任成百成千的人來結緣輔助布施。這功德是很大的。

是國王等。百千生中。常爲轉輪王身。如是他人同布施者。百千生中。常爲小國王身。更能於塔廟前發迴向心。如是國王乃及諸人。盡成佛道。以此果報。無量無邊。

解、這國王一等的人。百千世之中。常常做轉輪王的。同他做這事情的人。百千生之中。常常可以做各國的小國王。倘若修造好了塔廟。就向這塔廟的前面發了迴向的心。像這樣一來。國王以及同造的許多人。便可以都成佛道了。因爲這種功德的果報。是無量無邊的。

釋、無論合做那一種布施。就是所出的金錢。都是平均的。所得的功德。終是一個發起的主動者最大。其餘的都要次一等了。這樣功德。能夠一迴向法界衆生。就可以成佛道。得無量的果報。在此。可以證明迴向功德的大。正是不可思議的了。

復次。地藏。未來世中。有諸國王。及婆羅門等。見諸老病。及生產婦女。若一念間。具大慈心。布施醫藥。飲食臥具。使令安樂。

解、佛又對地藏菩薩說。未來世之中。若有諸國的國王。及婆羅門一等人。見了諸般年老人。和生病的人。以及生產的婦女。倘若在一念的時間。發出了具足很大的慈悲心。來來布施他們飲食醫藥臥具。使他們得到安樂。

釋、除了上面說過的殘廢人以外。還有更苦的幾種人。一種是耳聾眼花。行動不利的老年人。我們應該很恭敬的去布施他衣食。一種是臥在床上活不來死不去。久病的人。我們應該好好的去安慰他。布施他的醫藥。一種是一身負着兩條命的產婦。我們也應該去照顧他。布施他衣。食。床榻。一等東西。這都是在孤苦貧窮。環境以內的人。倘若不是一念慈悲。他們怎樣可以活命呢。

如是福利。最不思議。一百劫中。常爲淨居天主。二百劫中常爲六欲天主。畢竟成佛。永不墮惡道。乃至百千生中。耳不聞苦聲。

解、像這樣布施的福利。最是不可思議的。在一百劫之中。常常做淨居天主。二百劫之中。還可以做六欲天主。然後畢竟成佛。永不墮在惡道裏。乃至於百千生之中。耳朵裏可以不聽到叫苦的聲音。

釋、只一念的慈悲。就感到這樣的福報。這也是布施時間心念清淨的緣故。淨可以感淨居天的果報。倘若心念少有愛染。就感六欲天主的果報。倘若布施完全出於慈悲心作用。願意救濟一切衆生。不望果報的。這就是畢竟成佛了。現在各處災荒犳地方。有許多嗷嗷待哺的難民。能發慈悲心去救濟他。這所有的功德。也恐怕不在這種之下呢。

復次。地藏。若未來世中。有諸國王。及婆羅門等。能作如是布施。獲福無量。更能迴向。不問多少。畢竟成佛。何況釋梵轉輪之報。是故地藏。普勸衆生。當如是學。

解、佛又對地藏菩薩說。倘若有未來世之中。有諸國的國王。以及婆羅門一等的人。能做這樣的布施。獲得的福利。是無量的。更能夠將這無量的福利。都迴向給法界衆生。不問你是多是少。畢竟可以成佛。何況這類帝釋轉輪王一等果報呢。因爲是這樣的緣故。地藏。你應該普遍的去勸化衆生。應當像這樣的去學做。

釋、能做這種種布施的人。還能夠將所有的功德。都去迴向。普願自己和衆生。統統成佛。既然佛果也可以成就。何況做些天帝的小果呢。佛叫地藏菩薩。勸衆生去學所說種種的布施。最重要的。尤其是學習發眞切的慈悲心。去救濟衆生。得來的功德。不占爲私有。再迴向法界。願法界衆生都成佛道。

復次地藏。未來世中。若善男子。善女人。於佛法中。種少善根。毛髮沙塵等許。所受福利。不可爲喻。

解、佛又對地藏菩薩說。未來世的當中。倘若有善男子。善女人。在佛法當中。種了一些很小的善根。只有像毛髮沙塵一等的一些些。所受的福利的多和大。不可以比喻的了。

釋、前面說過。一杯水倒入大海裏。就和大海彷彿大了。現在佛的功德和福田的大。是無量無邊的。恐怕還要勝過大海。那麼我們在佛。法。僧。三寶的當中。做一些善根。或是用財力去做一種善事。去迴向法界。就可以渾化在佛的大福田裏。你想這功德和福利。大得還可以比喻麼。因爲這迴向法界的。都可以叫做法布施。

財施有限的。法施是無量的了。以下講的就都叫我們行法布施了。

復次地藏。未來世中若有善男子善女人。遇佛形像。菩薩形像。辟支佛形像。轉輪王形像。布施供養。得無量福。常在人天。受勝妙樂。若能迴向法界。是人福利不可為喻。

解、佛又對地藏菩薩說。未來世當中。倘若有善男子善女人。遇着了佛的形像。菩薩的形像。辟支佛的形像。轉輪王的形像。都去布施供養他。可以得到無量的福利。常在人道天道之中。享受最好的安樂。倘若能夠把這安樂。迴向給法界。這個人的福利。就大得不可以比喻了。

釋、佛。菩薩。辟支佛。聲聞。這是出世的四聖衆。都有無量的福利。所以你去布施供養他。你所得的福利。也是無量的了。但是這無量的福利。我也不要享。人天的安樂。我也不要受。情願都把我的福利和安樂。都一概迴向給法界衆生。大家都得到福利。都享受安樂。在後我方才也受享安樂。這樣一來。福利就大得不可以比喻的了。

復次地藏。未來世中。若有善男子。善女人。遇大乘經典。或聽聞一偈一句。發殷重心。

讚歎恭敬。布施供養。是人獲大果報。無量無邊。若能迴向法界。其福不可爲喻。

解、佛又對地藏菩薩說。未來世的當中。倘若有善男子善女人。遇到大乘經典。或是聽到這經的一偈一句。發出殷勤尊重的心來。讚歎恭敬這部經。布施他供養他。這人可以獲得很大的。無量無邊的果報。倘若能將這果報迴向法界。他的福利是不可以比喻的了。

釋、大乘是說菩薩等出世大人乘了。這尊法。可以達到如來之地。起信論、另有解法、更較深奧、故不錄入。這大乘經。是出世間的明燈。遇也難得遇到的。何況聽到人家講解一句一偈。所以我們聽法師講經、是最緊要的、切不可錯過呀。或是自己研究略有悟解。就要發出尊重的恭敬心來讚他。或是請買這種經。去布施人家。叫人家去供養。流通。這功德已大得了不得了。何況再去迴向法界呢。

復次地藏。若未來世中。有善男子善女人。遇佛塔寺大乘經典。新者布施供養。瞻禮讚歎。恭敬合掌。若遇故者。或毀壞者。修補營理。或獨發心。或勸多人同共發心。如是等輩。三十生中。常爲諸小國王。檀越之人。常爲輪王。還以善法。教化諸小國王。

解、佛又對地藏菩薩說。倘若有未來世當中。有善男子。善女人。遇到了佛的塔寺。以及大乘經典見是新的。要去布施供養。要很恭敬的。合了掌。去瞻禮他。讚歎他。倘若遇到是舊的。或者是已經毀壞的了。要去裝修整理。或是重新刊印流通。或是獨人發心。或是勸許多人共同發心。像這樣一等的人。三十生的當中。常常可以做諸小國的國王。或是檀越一人發心的就可以常常做轉輪王。還歡喜用善法。去教化諸小國的國王。

釋、倘若遇到佛寺和大乘經典。都應該合掌恭敬。供養。去布施。佛寺舊了。發心修理。經典舊了。也應該發心補訂。倘若共同發心做布施的各人。可以都做各國的小國王。倘若是檀越（就是施主）個人發心的。自己做了。勸化人家也去做布施。這施主可以常做轉輪王。還歡喜用善法去教化人。所以有蛀壞破損的經典。切勿拋棄焚毀。終要達到重刊流通的目的。

復次。地藏。未來世中。若有善男子。善女人。於佛法中。所種善根。或布施供養。或修補塔寺。或裝理經典。乃至一毛一塵。一沙一渧。

解、佛又對地藏菩薩說。未來世的當中。倘若有善男子。善女人。在於這佛法的當中。所種的善根。或是布施供養一類。或是補修塔寺一類。或是裝訂經典一類。乃至於只有一毛。一塵。一沙。一渧。

釋、爲甚麼佛教我們在佛法中做布施呢。因佛爲救度衆生。發了許多的大願和布施。方才修成無上的尊法。我們在此中做布施。自然也可以得無上的功德。種無上的善根。但是只用香花供養。還是小功德。小供養。能夠依佛法去修持。這是眞法供養了。修補舊塔寺和舊經典。他的功德。要比建造新的還大。一毛一塵的布施雖小。只要你心大。福也大了。所以我們無論做那一種布施。終要發大心的迴向法界。方才可以得到眞實的大福利。

如是善事。但能迴向法界。是人功德。百千生中。受上妙樂。如但迴向自家眷屬。或自身利益。如是之果。卽三生受樂。捨一得萬報。

解、像這一等最小的善事。但能迴向法界衆生。這人的功德。百千生當中。受上等的安樂。倘若但只迴向自己的家眷。或是只求自身的利益。這樣的果報。就祇有三生的受享安樂了。捨了一份。只得到一萬份的果報。

釋、做了布施。雖然迴向。但迴向也有大小的分別。修的善事雖小。我迴向的心一定要發得大的。譬如說迴向法界衆生。普願衆生同成佛道。這樣一來。受過百千生安樂的果報之後。還有成佛的希望。可知回向法界功德是無量的。倘若回向家族。和自己個人。棄大就小。不免太癡呆。太可惜了。

是故地藏。布施因緣。其事如是。

解、佛又繼續說。爲了這緣故。地藏。布施的因緣。他的事實是這樣子的。

釋、做布施的方法和回向。前面都講過了。但是做布施。雖然離不開財。法。無畏。三種。然而由這三種裏變化出來的。那是很多很多。說不盡的了。往往還有三種互相緣助着做成一種。譬如用財物去布施得來的功德。再去回向法界。這就是財法二種合做布施。最顯明的地方了。總之布施的功德的大小。和得福的多少。都依據發心的大小和慈悲的重輕。作準則的。那麼要較量布施的因緣。就先較量你們自己的心罷。

地神護法品第十一

解、堅牢地神說擁護衆生。供養地藏菩薩和誦地藏經的事。這是本經的第十一品。

釋、既然有了這大地。當然要有地神來保護的。土地神是到處有的。不過這來護法的地神。是最大的一位。他來護法。也是爲讚歎地藏菩薩的誓願廣大。和這部經的重要。使現在和未來世的衆生。依了這本願經修持。就都可以圓成佛道。

爾時堅牢地神白佛言。世尊。我從昔來。瞻視頂禮。無量菩薩摩訶薩。皆是大不可思議。神通智慧。廣度衆生。是地藏菩薩摩訶薩。於諸菩薩。誓願深重。

解、這時候有一個名叫堅牢的地神。對佛說。世尊。我從起先以來。瞻視頂禮過。無量無數的菩薩大菩薩。都是有大得不可思議的神通和智慧。廣度世界的衆生。這地藏菩薩大菩薩。對於我所頂禮過的諸尊大菩薩之中。誓願要算他最深重了。

釋、梵文涅哩鋤。翻名叫堅牢。是說地的堅實牢固。能夠承負一切。產生萬類的意義。這堅牢地神。早已歸依佛的。修成這地神。還比世尊爲前。所以他所瞻禮過的大菩薩。是多得不可計量的了。但是比較誓願的深大。誰也比不過地藏菩薩的了。

世尊、是地藏菩薩。於閻浮提。有大因緣。如文殊。普賢。觀音。彌勒。亦化百千身形。度於六道。其願尙有畢竟。是地藏菩薩。教化六道一切衆生。所發誓願劫數。如千百億恆河沙。

解、世尊。這地藏菩薩。對於閻浮提衆生。有很大的因緣。像文殊。普賢。觀音。彌勒。這一等的大菩薩。也化出百千的身形。也在這六道裏來化度衆生。但是他們的誓願。尙且有畢竟的一天。獨有這地藏菩薩。教化六道裏的一切衆生。所發的誓願的劫數。像千百億的恆河沙數一樣。

釋、菩薩是很多的。爲甚麼要舉這四尊呢。因爲這都是最大的等覺菩薩。而且也是對於我們的閻浮世界。有很大因緣的。而且也是一樣教化的。但是在誓願上比較一下。畢竟地藏菩薩要勝一籌了。

世尊。我觀未來及現在衆生。於所住處。於南方清潔之地。以土石竹木。作其龕室。是中能塑畫。乃至金銀銅鐵作地藏形像。燒香供養。瞻禮讚歎。是人居處。卽得十種利益。

解、地神又叫着佛說。世尊。我觀未來世以及現在的衆生。在所住的地方。揀一處向南方的清潔的地方。用了土。石。竹。木。一等的原料。造一個菩薩的龕室。這龕室的當中。能夠塑。或是畫。乃至於用金。銀。銅。鐵。去鑄造地藏菩薩的形像。天天去燒香供養他。瞻禮讚歎他。這人所居的地方。就可以得到十種的大利益。

釋、旣然衆生信仰了地藏菩薩的大誓願。和不可思議的神力。應該造龕塑像去供養他。造龕和塑像的原料。雖然不一定。總要以清潔爲主。龕就是一切菩薩的神座。

何等爲十。一者土地豐壤。二者家宅永安。三者先亡生天。四者現存益壽。五者所求遂意。六者無水火災。七者虛耗辟除。八者杜絕惡夢。九者出入神護。十者多遇聖因。

解、是怎樣的十種呢。一是在這地方的土壤都變成很豐潤的了。在這土裏所種的五穀。也格外繁盛。格外豐足了。二是這人家宅裏的大小家眷都可以沒有病痛。都永遠的受享安樂。三是從前亡過的祖宗先人。都可以超昇上天。四是現在所生存的人。都可以增加福壽。五是所求的事情。都可以遂意求到。六是沒有水淹火燒的災難。七是一切虛損衰耗的事情。都得辟除消滅。八是可以杜塞斷絕一切惡夢。九是晝出夜入。都有許多天神護衛。十是多遇到說法讀經。修理布施。塔寺佛像一類的聖因。

釋、只做了這一些造龕塑像的事。就可以得到這十大利益。天下的事還有比這便宜的麼。我很希望人家閱過這部經以後都去做。不但使處處地方太平。而且可以人人遇聖因。個個成佛道。

世尊。未來世中。及現在衆生。若能於所住處方面。作如是供養。得如是利益。

解、地神繼續叫着佛說。世尊未來世當中。以及現在的衆生。倘若能夠在住的地方。向南的一面。造了龕。塑了像。去供養。就可以得到這樣子的利益了。

釋、他的話雖是在對佛說。其實是很珍重的叮囑我們衆生。不過請佛作證罷了。

復白佛言。世尊。未來世中。若有善男子。善女人。於所住處。有此經典及菩薩像。是人更能轉讀經典。供養菩薩。我常日夜以本神力。衛護是人。乃至水火盜賊。大橫小橫。一切惡事。悉皆消滅。

解、地神又叫着佛說。世尊。未來世中。倘若有善男子。善女人。在所住的地方。有這部經典。以及地藏菩薩的像。這個人還能夠轉讀這經典。供養這菩薩。我常常日夜以我本願的神力。來保衛擁護這人。乃至於水。火。盜賊。大橫禍。小橫禍。一切惡事。都一概消滅。

釋、不但是鬼神擁護。就是這堅牢地神。他也要發願來擁護了。這地神的神力。是大得了不得的。一來擁護。那水。火。盜賊。橫禍。惡夢。瘟疫。一切的惡事。還有不消滅的麼。

佛告堅牢地神。汝大神力。諸神少及。何以故。閻浮土地。悉蒙汝護。乃至草木沙石。稻麻竹葦。穀米寶貝。從地而有。皆因汝力。

解、佛告訴堅牢地神說。像你這樣的大力。許多神鬼。少有及得你的。為甚麼緣故。

閻浮提世界的土地。都蒙你保護。乃至於草。木。沙。石。稻。麻。竹。葦。穀。米。一切的寶貝。凡是地上所有的東西。都是因爲你保護的力量。

釋、在光明會上。這地神曾說過。這大地的深厚有十六萬八千由旬。在世界初成的時間本來沒有一切種子的。這時間有大亂風。從別的世界吹過種子來。一根子。二莖子。三節子。四覂(同蒂)中子。五子子。這五子。雖由他世界吹來。但是也由衆生業力所感成的。

又當稱揚地藏菩薩利益之事。汝之功德。及以神通。百千倍於常分地神。若未來世中。有善男子善女人。供養菩薩。及轉讀是經。但依地藏本願經。一事修行者。

解、佛又繼續說。你還要應當稱揚地藏菩薩利益的事情。你的功德以及神通。對於平常分的地神。要比他們加大百千倍分了。若未來世當中。有善男或是善女。供養菩薩。及轉讀這部經。但只要依了這地藏本願經。修習一種事的人。你要去保衛他的。

釋、堅牢地神一讚歎這地藏菩薩的利益。就可以增加百千倍的神通。可知這部經的神力是不可思議的了現在我們得了這樣具大神力的經。應該天天去讀。處處依這部本願經去修行。

汝以本神力而擁護之。勿令一切災害及不如意事。輒聞於耳。何況令受。

解、佛又繼續對地神說。倘有依經修行的人。你應該要用你本願的神力去擁護他。勿要叫他有一切的災害。不要叫不如意的事情。常常聽進他耳朵裏去。何況叫他去受呢。

釋、倘若能依這經義去修習。一種二種。佛就要叫地神來擁護你來了。一切像颶風。暴雨。地震。海嘯等災害。都不會給你聽到的。何況去身受呢。

非但汝獨護是人故。亦有釋梵眷屬。諸天眷屬擁護是人。

解、佛又繼續說。非但叫你獨個去保護這個人。因爲他有這樣依經修行的緣故。釋梵的眷屬。諸天的眷屬。也都要來擁護這個人的。

釋、這人倘若認眞的一心依這本願經修學。不但是地神日夜來保衛他。就是三十三天帝釋部下的大臣和將軍。以及初禪天的梵王。梵輔。梵衆。裏外文武的眷屬。還有二十八部鬼神大將。以及諸天的無量無數的天神天將。都受了佛的付囑來擁護他了。

何故得如是聖賢擁護。皆由瞻禮地藏形像。及轉讀是本願經故。自然畢竟出離苦海。證涅槃樂。以是之故。得大擁護。

解、爲甚麼緣故可以得到像這一般的聖賢來擁護呢。都從瞻望禮拜地藏菩薩的形像。以及轉讀這本願經的緣故。自然的畢竟可以脫離苦海。證到涅槃的安樂。以是這個緣故。所得大擁護了。

釋、既然一心恭敬讀經。依經修持。將來必竟成佛。現在這個人。就是未來的佛了。這許多的天神自然應該來擁護。聖。是指諸佛權化的神。賢。是指位居天上的大臣。依世間講說。有甚大功德之人。叫聖。正直聰明叫賢。苦海。就是我們衆生貪愛之業。注流成河。匯納成渠。生死浩瀚的大海。我們能乘這部經的願船。有地藏菩薩的主舵。賴菩薩的威神帆力。自然可以超度出這生死的苦海。到彼涅槃的快樂之岸了。

見聞利益品第十二

解、佛告觀世音菩薩說。見地藏像和聞地藏名的功德利益。這是本經的第十二品。

釋、如來頂上放光示現八部。叫做見。光中出微妙音。讚歎大士。使法會大衆同聽。叫做聞。這可以叫做普見普聞。細閱這部經。領會妙悟。這是見的利益。臨終墮苦。聞地藏菩薩名。離苦得樂。這是聞的利益。這品裏所說的。都是地藏菩薩利濟衆生不可思議的勝利。完全用衆生的見聞二利根。來開引普救九界衆生的入道之門。

爾時世尊。從頂門上。放百千萬億。大毫相光。所謂白毫相光。大白毫相光。瑞毫相光。大瑞毫相光。玉毫相光。大玉毫相光。紫毫相光。大紫毫相光。青毫相光。大青毫相光。碧毫相光。大碧毫相光。紅毫相光。大紅毫相光。綠毫相光。大綠毫相光。金毫相光。大金毫相光。慶雲毫相光。大慶雲毫相光。千輪毫光。大千輪毫光。寶輪毫光。大寶輪毫光。日輪毫光。大日輪毫光。月輪毫光。大月輪毫光。宮殿毫光。大宮殿毫光。海雲毫光。

大海雲毫光。於頂門上。放如是等毫相光已。

解、這時候世尊從頂門上。放出百千萬億道的大毫相光來。大是說法身的大。可以遍滿虛空。毫相。是表現外實內空。解脫無礙。譬如般若。能夠照破萬法。現在佛體既大。毫光當然也大了。毫雖是一。光色不同。比喻人體一式。各人的行爲各不相同的。白毫相光。大白毫相光。是敎黑惡衆生。改做白淨。可以超凡入聖。瑞毫相光。大瑞毫相光。瑞是祥瑞。是說衆生從此可以乘地藏菩薩的願船。不但只超凡。竟可以修成佛道。所以現這吉祥的預兆。玉毫相光。是敎衆生能夠依經修習。便像經過磨琢的白玉一樣。就可以成聖器了。紫毫相光。紫是黑赤渾雜的顏色。是喻雜類的衆生。心意雖然不同。能依本經修持。所得的福利。是一樣的。青毫相光。青是春天樹木發生青葱的顏色。是說有了這部經。地獄裏黑業衆生。也有蓬蓬的生氣了。碧毫相光。碧是深青的顏色。是說地獄衆生。不但有生氣。能依這經去調服心身。雖在地獄裏。也可以得到天堂一樣的安樂。紅毫相光。紅是像火的顏色。是敎我們衆生。能依這經修持。雖在三界火宅。也可以解脫紅塵的。綠毫相光。

是說既能解脫紅塵。則性海定水湛然碧綠。自然可以化火宅爲清涼了。金毫相光。能夠化火宅爲清涼。就可以證金剛不壞之身了。慶雲毫相光。是說衆生既然依經修習。能證金剛之身。便去佛果不遠了。這是應該可以慶祝賀喜的。千輪毫光。這是說比從前更進步了。輪是比圓滿的月。光明清涼。自能照破業障。寶輪毫光。意義雖然是同上一樣。現在加一寶字。可知比前又進一步。已具有佛的智慧了。日輪毫光。月輪毫光。表示智光無私。普照四天。任運自然。像經天的日月一樣。宮殿毫光。宮殿是至尊所居極莊嚴的地方。是說已是修成佛的境界了。海雲毫光。到此已成正覺。慈雲如海。普覆十方。一切有情。可以都沾法雨了。佛在於頂門上放出了像這樣一等的毫相光放罷。

釋、因爲前品經。地神證明地藏菩薩大願。比勝一切菩薩。所以佛也爲證前啓後的大意。來放光讚歎。使一切衆生見光悟心。一一依經修習。可以同證正覺。頭是一身的主。頂是一頭的尊。今佛從此處放光。可知佛推尊地藏菩薩。和尊重這部經的用意。是到了極巔。

出微妙音。告諸大衆。天龍八部。人非人等。聽吾今日。於忉利天宮。稱揚讚歎地藏菩薩。於人天中利益等事。不思議事。超聖因事。證十地事。畢竟不退阿耨多羅三藐三菩提事。

解、從這毫光中。再放出微妙的音聲。來告訴諸天的大衆。和天龍八部。人。以及不是人類的一等衆生說。聽我今天在忉利天宮。稱揚讚歎地藏菩薩。在人道天道中。利益人的一等事。眞是不可以思議的事情。超入聖因的事。證到十地果位的事。畢竟不退無上正等正覺成佛的事。

釋。妙音。是隨機所聞。各得圓妙的法音。地藏菩薩不可思議的是甚事呢。前面說過的。分身集會。這也是不思議事。稱佛名號。是超聖因事。忉利天宮神通品。不退菩薩。是證十地事。令衆生先成佛。然後方成正覺。是不退菩提事。現在還有不可思議的利益事。佛一一說在下面。

說是語時。會中有一菩薩摩訶薩。名觀世音。從座而起。胡跪合掌。白佛言。世尊。是地藏菩薩摩訶薩。具大慈悲。憐愍罪苦衆生。於千萬億世界。化千萬億身。所有功德。及不思議威神之力。

解、佛說這話的時間。法會中有一尊大菩薩。名號叫觀世音。從座位上起身。到佛的前面。胡跪着合了掌。叫着佛說。世尊。這地藏菩薩大菩薩。具有很大的慈悲心。憐愍一切罪苦的衆生。在千萬億的世界。化出千萬億的身形來。他所有的功德。以及不可思議的神力。

釋、世尊正要宣揚利益的事。觀世音菩薩。代天龍八部一切衆生接口請問。以後一唱一和。無非是讚歎宣揚地藏菩薩。不可思議利益的事情罷了。但是菩薩無量慈悲。欲六道衆生先成佛道。不得不化身救度。以了他的大願。所以他所積的功德。已是無量的了。觀是返觀內性。音是尋世上的聲音救苦。可知觀音菩薩。也是在我們世界上。救苦的一尊慈悲的大菩薩。

我聞世尊。與十方無量諸佛。異口同音。讚歎地藏菩薩云。正使過去。現在。未來諸佛。說其功德。猶不能盡。

解、觀音菩薩繼續說。我聽到世尊與十方無量數的諸佛。異口同音的。說讚歎地藏菩薩的話。就是叫過去現在未來的諸佛。都來說他的功德。還不能說盡呢。

釋、世尊讚歎地藏菩薩。每品裏都有的。但是他最注重的。就在這一品裏。十方無量諸佛。因佛頂門放光。從光音中遍告諸佛。十方無量諸佛一聽到這事情。自然也都要讚歎起來。這讚歎的音聲。觀音菩薩。都聽得很淸楚。所以會曉得的。

向者。又蒙世尊普告大衆。欲稱揚地藏利益等事。唯願世尊。爲現在未來一切衆生。稱揚地藏不思議事。令天龍八部。瞻禮獲福。

解、前面又承蒙世尊。普遍的告訴大衆。要稱讚宣揚地藏利益一等的事情。現在唯願你世尊。再爲這現在未來一切的衆生。稱揚這地藏不可思議的事。令天龍八部。也都曉得瞻望禮拜。可以獲福。

釋、觀音菩薩請求世尊。再爲衆生八部等說這不思議事。也是菩薩的慈悲深思遠慮。照顧後世一切衆生。因爲衆生從多生劫以來。業障覆心。煩惱蔽意。雖見聖像。不知恭敬。把這不思議的神力。說給衆生知道了。就可以使這衆生起信瞻禮。福滿慧足。自然成佛有期望了。

佛告觀世音菩薩。汝於娑婆世界。有大因緣。若天若龍。若男若女。若神若鬼。乃至六道罪苦衆生。聞汝名者。見汝形者。戀慕汝者。讚歎汝者。是諸衆生。於無上道。必不退轉。常生人天。具受妙樂。因果將熟。遇佛授記。

解、佛告訴觀世音菩薩說。你對於這娑婆世界。也有很大的因緣。若天若龍。若男若女。若神若鬼。乃至於六道裏的罪苦衆生。一聽到你的名號。或是見了你的形像。有來戀慕你的人。有來讚歎你的人。這般衆生對於佛法的無上道。必定不會得退轉的。還可以常常生到人道天道裏。都去受很好的安樂。等到因果將熟的時候。又可以遇到佛來授記。

釋、大因緣。也可以作大感應解。娑婆世界完全是苦境。觀音菩薩。原是聞聲救苦的。所以對於我們這世界。更有極大的靈感。

汝今具大慈悲。憐愍衆生。及天龍八部。聽吾宣說地藏菩薩。不思議利益之事。

解、你今天具足這樣大的慈悲心。憐愍衆生以及天龍八部。現在就從你的請求。我來宣說地藏菩薩。不可思議利益的事情給你聽。

釋、觀世音菩薩。來懇求佛說地藏菩薩的利益。無非爲慈悲一切衆生。使衆生聽了地藏菩薩不可思議的威神利益。一念歸依。都得解脫苦難。

汝當諦聽。吾今說之。觀世音言。唯然世尊。願樂欲聞。

解、你應該當心的聽。我今天來給你說觀世音菩薩說。唯願你世尊說。我極願意。及快樂的想聽這話。

釋、觀世音菩薩既然發了大慈悲。懇求佛說。自然把不得佛快些說出來的。現在佛說這話。已遂他的心願了。還有不快樂的麼。

佛告觀世音菩薩。未來現在諸世界中。有天人受天福盡。有五衰相現。或有墮於惡道之者。如是天人。若男若女。當現相時。或見地藏菩薩形像。或聞地藏菩薩名。一瞻一禮。是諸天人。轉增天福。受大快樂。永不墮三惡道報。

解、佛告訴觀世音菩薩說。未來現在諸世界之中。有在天上的人。天福享盡了。就有五種衰敗的相發現。或者竟有墮落到於惡道裏的。像這樣子的天人。無論男女。當現出這衰相的時間。或是見了地藏菩薩的形像。或是聽到地藏菩薩的名號。瞻望一會。禮拜一會。這樣一來。反增加了天福。不但是不墮落到惡道裏去。反而受到了大快樂。永遠不會墮落到三惡道裏受罪報的了。

釋、這一節之中。可以分開來作三層說。一是罪相。二是見像懺悔。三是轉報。五衰相。有小和大二種。一身出惡聲。二身光微昧、三浴水着身。四著境不捨。五身虛眼瞬。這是小五衰現相。一衣服穢汚。二華冠光萎。三兩腋汗流。四體生臭氣。五不樂本座。這是大五衰現相。當見小五衰發現。不卽禮念地藏菩薩。求轉福報。到大五衰發現時。已經來不及了。恐怕要墮惡道。見像瞻禮。聞名稱念。一仗誓願威神。二從心念悔過。這都是轉禍爲福的根本。

何況見聞菩薩。以諸香華。衣服飲食寶貝瓔珞。布施供養。所獲功德福利。無量無邊。

解、一瞻一禮。就可以轉報。何況見聞了地藏菩薩。用諸般香華衣服。飲食品。珍寶的玩具瓔珞。去行布施供養呢。所以所得的功德福利。是無量無邊的。

釋、前面說天人一瞻禮。尚可消罪增福。何況現在我們依法去修持供養。志誠不退。這福報當然是無窮的了。瓔珞。是綴珠玉等爲圈。懸掛項頸上的。

復次。觀世音。若未來現在諸世界中。六道衆生。臨命終時。得聞地藏菩薩名。一聲歷耳根者。是諸衆生。永不歷三惡道苦。

解、佛又對觀世音菩薩說。倘若有未來世現在諸世界之中。六道裏的衆生。臨命終的時間。能聽到地藏菩薩的名號。只要有一聲聽到耳朵裏去。像這一般衆生。永遠可以不經歷三惡道的苦楚了。

釋、只聽到一句。就有這樣神力。這正是不可思議的了。

何況臨命終時。父母眷屬將是命終人舍宅財物寶貝衣服。塑畫地藏形像。

解、聽到一聲。就得神力。何況臨命終時間。父母眷屬將這命終的人。所有的屋宅。財物寶貝衣服賣去了。去塑畫地藏菩薩的形像呢。

釋、若將遺產變賣。作世間的功德。不過將功贖罪罷了。倘若將賣下來的錢財。去塑畫菩薩的形像。一定可以承神力超昇天道了。

或使病人未終之時。眼見耳聞。知道眷屬將舍宅寶貝等。爲其自身塑畫地藏菩薩形像。是人若是業報合受重病者。承斯功德。尋卽除愈。壽命增益。

解、假使這病人未死的時間。叫他親自眼見耳聞。知道他的家裏的人。將他的田宅寶貝一等都賣去了。爲了他自身。去塑畫地藏菩薩的形像。倘若這病人。是業報合該受生重病的。那麼承了這塑像的功德。立卽給他消除業報。病自然痊愈了。而且還可以增加壽命。

釋、人命本是無常的。病就是死的現狀。倘能照這方法去做。不但前生的業報。今生的病痛都消滅盡。而且仗了這大功德。就可以延年益壽了。

是人若是業報命盡。應有一切罪障業障。合墮惡趣者。承斯功德。命終之後。卽生天上。受勝妙樂。一切罪障。悉皆消滅。

解、這個人倘若是業報。命已經沒有了。應有一切的罪障業障。合該墮落惡趣的。承了這塑像的功德。死了以後。就可以超昇到天上去。受很好的快樂。一切的罪障。都可消滅。

釋、福命都沒有了。這是挽救不轉的。倘然這人在世時間。造五忤罪。做十惡業。一定要墮落惡道裏去的。幸得有家人給他賣宅賣衣物等。塑像的功德。不獨是罪業消滅。神魂也上天去了。

復次觀世音菩薩。若未來世。有男子女人。或乳哺時。或三歲。五歲。十歲已下。亡失父母。乃及亡失兄弟姊妹。是人年既長大。思憶父母。及諸眷屬。不知落在何趣。生何世界。生何天中。

解、佛又對觀世音菩薩說。倘若未來世有男孩子女孩子。在乳哺的時間。或是三歲。五歲。十歲以下的孩子們。已經亡失了父母。乃至於或是亡失了兄弟姊妹的。這人年紀既然大了。思憶父母以及所說家裏的人。不知落在甚麼趣道裏。生在甚麼世界裏。還是生在甚麼天道之中。

釋、初生的孩子全賴父母乳哺得活的。乳是母血變乳。給他吮飲。哺是嚼爛了食物。以口餵喫。父母有這樣的大恩。年大有了智識。怎麼會不追憶的呢。就是兄弟姊妹。本是手足連枝。也應該記念的。

是人若能塑畫地藏菩薩形像。乃至聞名。一瞻一禮。一日至七日。莫退初心。聞名見形。瞻禮供養。是人眷屬。假因業故。墮惡趣者。計當劫數。承斯男女兄弟姊妹。塑畫地

藏形像。瞻禮功德。尋卽解脫。生人天中。受勝妙樂

解、這個人倘若能夠塑畫地藏菩薩的形像。乃至於聽到菩薩的名號。一會瞻望。一會禮拜。照這樣子一日到七日。不退轉當初所發的心。過這以後。凡是聽到名號。遇見形像。更能瞻禮供養。這人已死的家眷。假使因爲在生造惡業的緣故。墮到惡趣裏。他的受苦應當用劫數去計算的。承了他的男女。或是兄弟姊妹的塑畫地藏菩薩的形像。以及瞻禮的功德。就可以得到解脫惡趣。生到人道天道之中。去受很好的快樂。

釋、這一句莫退初心。是最要緊的訓誡。倘若有始無終。這就是信心的不堅切。那裏還有感應呢。能夠眞信不退。就是這死過的人。因在世作惡。現在已經墮入地獄了。也承這陽間的家眷。替他修福。就可以脫苦升天了。所以父母家眷等死後。若不給他造像瞻禮。那裏可以算孝子仁人呢。

是人眷屬。如有福力。已生人天。受勝妙樂者。卽承斯功德。轉增聖因。受無量樂。

解、這個人的家眷。倘若是本來有福力的。已經生在人道天道。享受很好的安樂

了。就承了這功德。轉又增加了聖因。可以受無量的安樂了。

釋、這也是指死過了人的說話。倘使這人在世作惡的。就可脫苦生天。倘若這人本來是善人。已經生在天道了。也可以藉了他家眷塑像。禮拜七日。虔誠不退初心的供養。便得聞佛法入聖因。心身就可永受無量的快樂了。

是人更能三七日中。一心瞻禮地藏形像。念其名字滿於萬徧。當得菩薩。現無邊身。具告是人眷屬生界。或於夢中菩薩現大神力。親領是人。於諸世界。見諸眷屬。

解、佛又繼續說。這個人。更能夠在三日。或是七日之中。一心瞻禮地藏菩薩的形像。念他的名字滿一萬徧。當時可以得到菩薩現出無邊的身形。具來告訴這個人家眷所生的世界。或者在夢中。菩薩現出很大的神力。親身領導了這個人。到諸世界中。去見諸個要見的家眷。

釋、這是說在陽間的孝子仁人。更能夠在瞻禮的期內。一心注念地藏菩薩的名號。每日滿一萬聲。菩薩就隨機感應了。這個人在夢中。菩薩就親身來領他到各世界去。陪你去見你心裏記念的親人。

更能每日念菩薩名千遍。至於千日。是人當得菩薩遣所在土地鬼神。終身衛護。現世衣食豐溢。無諸疾苦。乃至橫事不入其門。何況及身。是人畢竟得菩薩摩頂授記。

解、這個人既然見過親人以後。從此更能夠每日念菩薩名號千遍。至於千日不間斷。這人就應當得着菩薩。遣令他所居地方的土地鬼神。終身保衛擁護。使他在現世衣食豐足有餘。沒有諸般疾病痛苦。乃至於兇橫的禍事。都不入他的門。何況會近他的身呢。這個人畢竟可以得到菩薩來摩他的頂。給他授記。

釋、前面說的是只有七日。這裏說的是三年長期。每日念地藏菩薩名號千句。工夫較勝。感報自然也大了。不但家道豐溢。橫事遠離。疾病不生。三大利益。而且畢竟得着菩薩摩頂受記。圓成佛道。可知地藏菩薩。眞是慈悲。得了不得的。

復次觀世音菩薩。若未來世有善男子善女人。欲發廣大慈心。救度一切衆生者。欲修無上菩提者。欲出離三界者。是諸人等。見地藏形像。及聞名者。至心歸依。或以香華衣服。寶貝飲食。供養瞻禮。是善男女等所願速成。永無障礙。

解、佛又對觀世音菩薩說。倘若未來世有善男子。善女人。欲發廣大的慈悲心。救度一切衆生的人。欲修習無上菩提的人。欲出離三界的人。這一等的人見了地藏菩薩的形像。以及聽到他的名。一心至誠的去歸依他。或者用香。花。衣服。寶貝飲食。供養了他。再去瞻禮。這善男女等。所發的心願。速能成就。永遠沒有障礙了。

釋、欲發廣大慈心。這句槪括三種根性。心融妙理。萬法具含。叫做廣心。發覺初心。與究竟覺同等。叫做大心。無緣慈而被羣機。叫做慈心。無上菩提。就是佛果。地藏菩薩九界都歸心的。能去求禱。所願自然都可速成。

復次觀世音。若未來世有善男子善女人。欲求現在未來百千萬億等願。百千萬億等事。但當歸依瞻禮供養讚歎地藏菩薩形像。如是所願所求。悉皆成就。

解、佛又對觀世音菩薩說。倘若有未來世的善男善女。欲求現在未來。百千萬億一等的心願。以及百千萬億一等的事情。但只要歸依瞻禮。供養讚歎。地藏菩薩的形像。像這樣所願所求的心願和事情。就都可以遂意的成就。

釋、地藏菩薩。自從塵沙喻劫以來。劫劫廣度衆生。眞是可以稱大願王了。應衆生各求所願的事。譬如大海潮漲。分給江河一樣。那一些小小事願。還有不如意的

麼

復願地藏菩薩。具大慈悲。永擁護我。是人於睡夢中。卽得菩薩摩頂授記。

解、或是又復情願求乞地藏菩薩。具發大慈悲。永遠的來擁護我這個人。一發了這心願。在睡夢之中。就可以得到菩薩摩頂授記。

釋、倘若歸依供養。恭敬合法。懇切求禱。便能感動大士夢中摩頂授記。摩頂示安慰你的極果。授記得證到圓因。這都是從信力堅切得來的瑞相。

復次。觀世音菩薩。若未來世善男子善女人。於大乘經典。深生珍重。發不思議心。欲讀欲誦。縱遇明師。教視令熟。旋得旋忘。動經年月。不能讀誦。是善男子等。有宿業障。未得消除。故於大乘經典。無讀誦性。

解、佛又對觀世音菩薩說。倘若未來世有善男子善女人。對於大乘經典。生出很深的珍重心。發出不可以思議的大心。欲想讀誦。雖然是遇到明師教視令熟。旋卽記得旋又忘記了。經年累月。還不能夠讀誦。這善男子等。就有宿世的業障。不得消除。所以對大乘經典。沒有讀誦的慣性了。

釋、大乘經典是出世的梯級。是男女二衆。明性證心。自利利他的工具。因佛法像如意珠一樣。隨時能發現衆寶。所以要深加珍重的。但是前世業障未除的人。給業障迷蔽了智慧。就是遇到明師來指教他。也是記得前忘了後。記了後。忘了前的。窮年累月。終讀不會。那裏會通達本性呢。

如是之人。聞地藏菩薩名。見地藏菩薩像。具以本心。恭敬陳白。更以香華衣服飲食。一切玩具。供養菩薩。以淨水一盞。經一日一夜。安菩薩前。然後合掌請服。迴首向南。臨入口時。至心鄭重。服水既畢。愼五辛酒肉。邪淫妄語。及諸殺害。一七日或三七日。

解、像這樣的人。聽了地藏菩薩的名號。見了地藏菩薩的像。具以本來的心願。恭敬的陳說。告訴給菩薩聽。更以香花衣服飲食品。一切的玩具。供養菩薩。用淨水一盞。安放在菩薩的像前。經過了一日一夜。然後合掌請服。迴轉頭來向着南方。把這水飲了。但入口的時間。要至心鄭重。服水完畢之後。謹愼的。切勿喫五辛酒。肉。不可犯邪淫妄語。以及諸般殺生害命的事情。經過七日。或是二十一日。

釋、業障重的人。聽了這菩薩靈感的名號。應該供養瞻禮。然後再對像。訴說他心事。依法履行。自然業消智朗了。淨水能去濁湛明。又能洗滌妄慮塵垢。一供菩薩。可以更蒙菩薩福慧加被了。五辛是葱。韮。大蒜之類。齋戒的人。切須禁忌。而且蚊子虱蚤的命。也殺害不得。

是善男子善女人。於睡夢中。具見地藏菩薩。現無邊身。於是人處。授灌頂水。其人夢覺。即獲聰明。應是經典一歷耳根。即當永記。更不忘失一句一偈。

解、這個善男子善女人。在睡着做夢的當中。都能瞧見地藏菩薩。現出無邊的身形。在這個人的地方。用法水來灌他的頭頂。這人的夢醒覺了以後。就得到聰明了。這一應的大乘經典。一經歷耳根。就永遠的會記得了。再也不會忘失一句一偈的。

釋、要求聰明智慧的心。是個個人都欲的。但是一心致誠。方才能感動靈應灌頂。是地藏菩薩親自來給他授記。從頂門上把法水灌注進去。這人自然覺得一派清涼。直透六根。塵障全消。睡夢迷蒙。頓時醒覺。從此讀誦經典。像日月臨水。光明照映。還愁甚麼不貫徹呢。

復次。觀世音菩薩。若未來世有諸人等。衣食不足。求者乖願。或多疾病。或多凶衰。家宅不安。眷屬分散。或諸橫事。多來忤身。睡夢之間。多有驚怖。

解、佛又對觀世音菩薩說。倘若未來世有諸般的人。衣食不足。求謀又違乖願望。或者是多疾病。或者是多凶事衰象。家宅不平安。家眷又分別離散。或者是遭了諸般凶橫的禍事。又多來忤逆心意。睡夢之間。神魂不安。又發生許多驚懼恐怖的現像。

釋、衣食不足。必定要受凍挨餓了。這一來。家眷各謀生活。自然都要離散了。就是有在家的。也要怨苦叫窮的愁悶。何況再有許多橫事來忤逆心身呢。

如是人等。聞地藏名。見地藏形。至心恭敬。念滿萬徧。是諸不如意事。漸漸消滅。卽得安樂。衣食豐溢。乃至於睡夢中。悉皆安樂。

解、像這一等的人。聽到地藏菩薩的名。或是見了地藏菩薩的像。至心恭敬的念地藏菩薩的名。滿一萬徧。這許多不如意的事。漸漸消滅。就可以得到安樂。衣食也豐足有餘了。乃至於睡夢之中。都也得到安樂。

釋、念滿萬遍不難。所難的是恭敬和至心。倘若認眞的至心念滿萬遍、自然萬德圓融。萬惑全消。還有甚麼不如意呢。

復次觀世音菩薩。若未來世有善男子善女人。或因治生。或因公私。或因生死。或因急事。入山林中。過渡河海。乃及大水。或經險道。

解、佛又對觀世音菩薩說。倘若未來世有善男子善女人。或是因爲辦治生活的。或是爲了公事或私事。或是因報生和訃死的事情。或因爲緊急的要事。走入山林之中。過河渡海的時間。及遇着大水。或是經過危險的道路。

釋、治生。就是經商貿易。爲大衆的叫公事。爲自己的叫私事。生。是婦人產生了去報生。死。是人死了去報喪。或是爲了緊急的要事。須要經過大山峻嶺。深谷荒叢。這一類地方。都是有盜匪惡獸埋伏着的。長河大海。更有風浪的險惡。

是人先當念地藏菩薩名萬徧。所過土地。鬼神衛護。行住坐臥。永保安樂。乃至逢於虎狼獅子。一切毒害。不能損之。

解、這個要出門的人。應當先念地藏菩薩的名號一萬徧。這樣一來。所過的地方。

就有鬼神都來衛護了。無論是行走。是居住。是坐。或是臥。可以永遠保護你平安。乃至於碰着了虎狼獅子。一切要毒害人的東西。都不能來損害你了。

釋、一切毒害。就是前面說過的蚖蛇蝮蠍等類。因爲虎狼獅子蛇蠍等類。都是由鬼神管領的。現在這鬼神都奉了菩薩的命。尚且要來擁護。還愁甚麼這類惡毒來損害你呢。

佛告觀世音菩薩。是地藏菩薩。於閻浮提。有大因緣。若說於諸衆生。見聞利益等事。百千劫中。說不能盡。

解、佛告訴觀世音菩薩說。這地藏菩薩。對於閻浮提有很大的因緣。倘若要把他利益衆生的一等事情。都來說出來。給衆生聽。就是百千萬劫的當中。也說不盡的。

釋、地藏菩薩自從無始劫以來。累劫的度脫衆生。總不離慈悲大願。和不可思議的神力。來利益衆生。衆生能至心歸依。隨便你要求甚麼事情。甚麼東西。沒有不依你心願的。

是故觀世音。汝以神力流布是經。令娑婆世界衆生。百千萬劫。永受安樂。

解、是爲這緣故。觀世音。你應該要以你的神力。流布這部經。使娑婆世界的衆生。百千萬劫。永遠的享受安樂。

釋、這兩尊大士。對於我們娑婆世界的衆生。是有很大的因緣。很大的感應。現在佛叫觀音大士去流布宣傳這部經。眞可謂同聲相應。同氣相求。如日月並行。相得益彰了。我們六道衆生。倘若能夠相信。還愁甚麼罪業不消。福利不聚呢。所以這部本願經。和觀音大士的普門品。正是兩條離苦得樂平坦的大道。一走上這路。就可以叫你得到百千萬劫。永遠受享不盡的快樂。

爾時世尊而說偈言。吾觀地藏威神力。恆河沙劫說難盡。見聞瞻禮一念間。利益人天無量事。

解、這時間世尊說出了偈言。吾觀看這地藏菩薩威神和福力。雖然是窮盡恆河沙數的大劫。也難說盡的。一經眼見耳聞以後。就去瞻禮他。只在一念之間。就可以得到利益人道天道裏無量的事情了。

釋、地藏菩薩有無量無數不可思議的功德。所以衆生一請求。便可以事事如意滿足。就是這裏才生一念的瞻禮。人天都得到無量的利益。這不是不可思議的威神麼。

若男若女若龍神。報盡應當墮惡道。至心歸依大士身。壽命轉增除罪障。

解、倘若有男女龍神一等。這報身一盡。應該墮落到惡道裏去的。在這時間。能夠一念歸依了大士。不但是罪障消除。壽命也轉增長了。

釋、無論甚麼人。要罪業消除。壽命增長。那麼應該去歸依地藏菩薩。一定可以使你滿意的。有病重將死的人。一念去歸依他。更是有特別的靈感。

少失父母恩愛者。未知魂神在何趣。兄弟姊妹及諸親。生長以來皆不識。或塑或畫大士身。悲戀瞻禮不暫捨。三七日中念其名。菩薩當現無邊體。示其眷屬所生界。縱墮惡趣尋出離。若能不退是初心。卽獲摩頂受聖記。

解、從小的時間就亡失了恩愛的父母。到大了要想見。不知道神魂的所在。或是早死的兄弟姊妹。及諸親人。現在我長大了。要想去見他。但是不曉得在甚麼地方。倘若你肯去塑畫大士的身形。然後對了像。悲哀的戀慕。瞻禮大士。不願暫時捨離。三日七日之中。再去念菩薩的名號。菩薩當時現化出無邊的身體來。來指示他所想念的家眷。生在的世界。假使是已經墮落惡道的了。賴他陽間家眷瞻禮的功德。也就出離了。倘若是這人再不退初心。繼續的瞻禮稱名。當卽獲得菩薩給他摩頂來受聖記。

釋、這一節的偈言的情節。都是前面說過了的。閱者一定還能夠記得。也可以毋須重釋了。

欲修無上菩提者。乃至出離三界苦。是人既發大悲心。先當瞻禮大士像。一切諸願速成就。永無業障能遮止。

解、倘有欲修習菩提的人。或是要出離三界苦楚的人。這人既然發了大悲心。應該要先瞻禮大士的形像。自然一切所願。可以成就。永遠沒有業障再來遮止住的。

釋、業障遮止。就是將來成佛之後。出假位中去敎化衆生的時間。不受塵沙的迷惑。

有人發心念經典。欲度羣迷超彼岸。雖立是願不思議。旋讀旋忘多廢失。斯人有業障惑故。於大乘經不能記。

解有人發心要讀大乘經典。欲覺悟羣衆的迷惑。超度他們到岸上來。雖然立了這個不思議的大願。但是一邊讀。一邊廢失這個人因爲有業障迷惑住的緣故。對於這大乘經。總歸記不得的。

釋、大乘經。是苦海的大渡船。現在爲了業障的緣故讀不會。雖有了這隻大願船。同沒有舵槳一樣。那裏能搖得動。去救沉溺的衆生呢。

供養地藏以香華。衣服飲食諸玩具。以淨水安大士前。一日一夜求服之。發殷重心慎五辛酒肉邪淫及妄語。三七日內勿殺害。至心思念大士名。

解、這人去用香花供養地藏菩薩。衣服飲食品。諸般的玩具都去供他。再用淨水安放在大士的前面。經過一日一夜。求服的時間。發慇懃尊重的心。謹慎五辛酒肉勿入口。邪淫妄語也切勿犯。二十一日以內。切勿殺害。再至心稱頌着。念大士的名號。

釋、在二十一日以內。吃齋守戒方才有效。

卽於夢中見無邊。覺來便得利根耳。應是經教歷耳聞。千萬生中永不忘。以是大士不思議。能使斯人獲此慧。

解、當卽在睡夢之中。瞧見無邊的菩薩。夢醒了以後。卽便得到了通利根性的耳朵。一應的經教。一歷耳根。千萬生中就永不忘記了。這是全仗大士不思議威神。能夠使這人獲到這樣的智慧。

釋、這就是吃素守戒。嚴愼的感應。夢中一見菩薩。醒來便有智慧。苦讀十年不通的人。何勿去傚效一個呢。

貧窮衆生及疾病。家宅凶衰眷屬離。睡夢之中悉不安。求者乖違無稱遂。至心瞻禮地藏像。一切惡事皆消滅。至於夢中盡得安。衣食豐饒鬼神護。

解、倘有貧窮的衆生。以及有疾病的人。家宅發生凶衰不安的景象。家眷也都分離了。睡夢之中。又都不安甯。凡是所求的事。又多乖違。不能稱心遂願。這人能夠至心瞻禮地藏菩薩的形像。一切惡事。自然都會消滅的。至於在睡夢之中。也都得到安甯。衣食也豐足了。鬼神也來擁護了。

釋、一貧窮。二疾病。三家宅凶衰。四眷屬分離。五睡夢不安。六心願相違。這六種都是最不吉祥的了。須趕緊的去至心瞻禮地藏菩薩的像。方才可以轉禍爲福。

欲入山林及渡海。毒惡禽獸及惡人。惡神惡鬼幷惡風。一切諸難諸苦惱。但當瞻禮及供養。地藏菩薩大士像。如是山林大海中。應是諸惡皆消滅。

解、倘若要入山林及渡海洋。這山裏有毒惡的禽獸。以及兇毒的盜匪。在大海裏也有惡神惡鬼。掀風作浪。所以都有一切的災難。一切的苦惱了。但只要瞻禮。以及供養地藏大士的像。這樣山林大海之中。應有的那些惡毒一槪都消滅了。

釋、倘若有渡海入山的人。恐怕有這樣的危險。就去瞻禮菩薩。稱念名號。一切毒惡。自然消滅了。可以得到一路平安。

觀音至心聽吾說。地藏無盡不思議。百千萬劫說不周。廣宣大士如是力。地藏名字人若聞。乃至見像瞻禮者。香華衣服飲食奉。供養百千受妙樂。

解、觀音。你至心的聽我說話。那地藏利益衆生的威神。是沒有窮盡的。不可思議的。就是百千萬劫。也是說不周全的。你應該去廣大的宣傳地藏大士有這樣種種的威力。地藏的名字。倘若這個人聽聞了。乃至於有見像瞻禮的。或是再用香花衣服飲食去奉敬他。去供養他的人。百千劫之中。就都可以享受很好的安樂了。

釋、雖然是佛專囑觀世音菩薩去廣大的宣傳流布。也是間接的去囑付在法會的大衆。共同去宣傳流布的。

若能以此迴法界。畢竟成佛超生死。是故觀音汝當知。普告恆沙諸國土。

解、倘若依了這經去修行。那得來的功德和福利。無論他是大是小。都去迴向給法界衆生。這個人就可以畢竟成佛的了。是爲這緣故。觀音。你應該要知道的普遍的去告訴。恆河沙數的諸國土。

釋、經大士這樣一宣傳。自然可以流通無礙了。奉行的人。也好知道是眞實的利益。

囑累人天品第十三

解、佛付囑地藏菩薩。受累担荷。超度人間天上的衆生。這是本經的第十三品。

釋、囑累可以作兩種意義來解釋。原因爲六道衆生。始終不能超脫輪廻。爲此世尊付囑地藏菩薩。護衛超度。所以菩薩要受累擔任了。二累字含有重疊的意義。前次分身集會品。世尊已經付囑過了。這次又來重疊的付囑。所以叫做囑累。但是世尊囑了又囑。無非是慈悲心切。眷戀受苦衆生。不忍竟拋棄可憐無智的衆生歸入涅槃。所以這樣的慇懃付囑。要地藏大士一概擔任。

爾時世尊舉金色臂。又摩地藏菩薩摩訶薩頂。而作是言。地藏地藏。汝之神力。不可思議。汝之慈悲不可思議。汝之智慧不可思議。汝之辯才不可思議。正使十方諸佛讚歎宣說。汝之不思議事。千萬劫中不能得盡。

解、這時間世尊舉動紫金色的手臂。又來按摩地藏菩薩大菩薩的頭頂。這樣的叫着說。地藏地藏。你的神力眞是不可以思議的。你的慈悲眞是不可以思議的。你的智慧眞是不可以思議的。你的辯才眞是不可以思議的。正使十方諸佛。都來讚歎宣說你的不可思議的事。就是在千萬劫之中。也是不能夠說得盡的。

釋、世尊又去摩他的頂。連呼地藏菩薩的名號。眞是愛惜的深切之至。託付的鄭重之至了。未付囑之先。稱讚他的神力。因爲有這樣不思議的神力。方才可以擔負這樣的重任。

地藏。地藏。記吾今日。在忉利天中。於百千萬億。不可說。不可說。一切諸佛菩薩天龍八部大會之中。再以人天諸衆生等。未出三界。在火宅中者。付囑於汝。無令是諸衆生。墮惡趣中一日一夜。何況更落五無間。及阿鼻地獄。動經千萬億劫。無有出期。

解、佛又叫着菩薩的名字說。地藏。地藏。你要記得。我今天在這忉利天宮。在百千萬億不可說不可說的一切諸佛菩薩天龍八部齊集的大會當中。再將這人間天上諸衆生一等未出離三界火宅之中的人。都來付囑給你。不要令這諸般衆生。墮惡趣裏去受一日或是一夜的苦難。何況更去使他們墮落五無間。及阿鼻兩大地獄裏。去受動經千萬億劫無有出期的大苦難去呢。

釋、佛前面叫地藏。是歡喜的聲音。這裏叫地藏。是帶悲聲的了。這付囑的一番話。

彷彿同父親的遺囑一樣。做孝子當然要銘心刻骨的記住了。火宅。是三千大千爲宅。火。是煩惱瞋恚的火。在這火宅中的衆生。佛又都交付大士。囑大士緊緊的照顧着。不要使他們墮到惡道裏去。何況墮入地獄呢。

地藏。是南閻浮提衆生。志性無定。習惡者多。縱發善心。須臾卽退。若遇惡緣。念念增長。以是之故。吾分是形百千億化度。隨其根性而度脫之。

解、地藏。這南閻浮提的衆生。他的志願和生性。是沒有一定的。終是習惡的多。就是發出善心。一息就退轉了。倘若遇着了惡的因緣。念念的會增長起來的。所以爲這緣故。吾分出了百千億的身形。隨衆生的根本習性。而來度脫他們。

釋、這一節。不過是回顧上文重提業感品中的前事。再明付囑的大旨。並且似也叫大士學他化身的方法。去度脫衆生。

地藏。吾今慇懃以天人衆付囑於汝。未來之世。若有天人。及善男子善女人。於佛法中。種少善根。一毛一塵。一沙一渧。汝以道力擁護。是人漸修無上。勿令退失。

解、地藏。吾今天很慇懃的。以這天上人間的衆生。完全的都付囑給你了。未來之世。若有天上的人。以及人間的善男子善女人。於佛法當中。種了一些很小的善根。小得像一毛。一塵。一沙。一滴的一般。你也要以你的道力。擁護這個人。教他漸漸修到無上道。勿令他退失。

釋、慇懃這二字。眞要聲淚俱下了。佛的慈悲委曲。有說不盡的話。要託付大士。都包涵在這二字之間了。種了一些善根。教大士去擁護。譬如慈母撫育嬰孩一樣。終要培養他成人自立。

復次地藏。未來世中。若天若人。隨業報應。落在惡趣。臨墮趣中。或至門首。是諸衆生。若能念得一佛一菩薩名。一句一偈大乘經典。是諸衆生。汝以神力。方便救拔。於是人所。現無邊身。爲碎地獄。遣令生天。受勝妙樂。

解、佛又對地藏菩薩說未來世之中。若是天上的人。或是人間的人。隨他所作的業。去受報應要墮落在惡趣裏了。或是到了地獄的門頭。這諸般衆生。倘若能夠會念一佛。一菩薩的名號。或是一句一偈的大乘經典。有這諸般衆生。你用了你的神力。去方便的救拔他。怎樣的方便救拔呢。就是於這所在的地方你即刻現出無邊的身形。來化碎了這個地獄。遣令這一般衆生。都生到天上去。受很好的快樂。

釋、這節是全仗念佛滅罪的。從前有一個太子。弑了國王。自己做王了。死時落阿鼻地獄去。這王就念南無佛。獄裏的犯人一聽。也都同聲念了。這地獄就立時碎滅。犯人都得解脫。

爾時世尊。而說偈言。現在未來天人衆。吾今慇懃付囑汝。以大神通方便度。勿令墮在諸惡趣。

解、這時候佛又說出偈言來。現在未來天上人間的衆生。我今天都慇懃的付囑你了。以你的大神通。去行種種方便。度脫他們。勿令他們墮在諸般惡趣裏。

釋、上二句。就是付囑他保護有少善的衆生。下幾句。就是讚他的神力滅惡。

爾時地藏菩薩摩訶薩。胡跪合掌。白佛言。世尊。唯願世尊不以爲慮。未來世中。若有善男子善女人。於佛法中一念恭敬。我亦百千方便。度脫是人。於生死中。速得解脫。何況聞諸善事。念念修行。自然於無上道。永不退轉。

解、這時間地藏菩薩大菩薩。胡跪着合了掌。對佛說。世尊。唯願你世尊。不要以這事情爲憂慮。未來世之中。倘若有善男子善女人。對於這佛法當中。只要有一念的恭敬。我也要用百千種方便。度脫這個人於生死之中。迅速的可以得到解脫。何況聽到了諸般的善事。念念的要修行。自然於這無上的佛道。可以永遠不退轉了。

釋、要行萬里路程。總不離當前一步的。一念雖小。就是修行的根本。所以地藏大士。就要來保護你度脫你了。何況念念不間斷的想修行呢。這當然可以成佛道的。

說是語時。會中有一菩薩。名虛空藏。白佛言。世尊。我自至忉利。聞於如來。讚歎地藏菩薩威神勢力。不可思議。

解、說這話的時間。法會中有一尊菩薩。名叫虛空藏。對佛說。世尊。我自從至忉利天。聽到如來讚歎地藏菩薩的威神勢力的一番話。眞是聞所未聞不可以思議的了。

釋、這虛空藏菩薩在佛未放光的時間已來法會了。所以佛讚歎地藏威神。他都知道的。虛空藏。是一切所有圓融妙理。盡歸虛空祕藏。這菩薩。豈能攝受這不可思議的經典呢。

未來世中。若有善男子善女人。乃及一切天龍。聞此經典及地藏名字。或瞻禮形像。得幾種福利。唯願世尊。爲未來現在一切衆等。略而說之。

釋、未來世之中。倘若有善男善女。乃及一切天龍。聽到這一部經典。及地藏菩薩的名字。或是瞻禮他的形像。可以得到幾種福利。唯願你世尊。爲未來現在一切衆生等。約略的說一說。

釋、聽了這部經。起了仰慕心。聽了名字。起稱念心。瞻禮形像。也不知道迴向。祇有像這樣的小善。可以得幾種福利。

佛告虛空藏菩薩。諦聽諦聽。吾當爲汝分別說之。若未來世。有善男子善女人。見地藏形像。及聞此經。乃至讀誦。香華飮食衣服珍寶。布施供養。讚歎瞻禮。

解、佛告訴虛空藏菩薩說。當心的聽。當心的聽。吾要給你分別的來說。倘若未來世有善男善女。見了地藏的形像。及聽到這一部經。乃至於去讀誦。再用香花飲食衣服珍寶一類。去布施供養他。讚歎瞻禮他。

釋、這一則所說的善行。又要比前面虛空藏菩薩所問的大些了。

得二十八種利益。一者天龍護念。二者善果日增。三者集聖上因。四者菩提不退。

解、能依了上來所說的去做。就可以得到二十八重的大利益。一是天龍來護念你。二是善果也天天增加。三是聚集聖上的因緣。四是菩提心不會退轉了。

釋、天龍之內要包括八部的。這是護衞念佛讀經人的總持。所以要舉在第一。善果。是專做福德的事。聖因。是聚集做佛法中義務。梵語菩提。翻名叫覺道。就是道心不退轉。

五者衣食豐足。六者疾疫不臨。七者離水火災。八者無盜賊厄。九者人見欽敬。十者鬼神助持。

解、五是衣和食。也都豐足了。六是疾病瘟疫。也不會來臨你的門了。七是可以遠離水火的災難。八是沒有盜賊困厄的橫事。九是人家見了你。都會欽仰你。敬重你。十是鬼神也都來幫助扶持你。

釋、這利益都是天龍八部護念你所得來的。但是感應天龍護念。也是你自己供養的周到。瞻禮恭敬中得來的福德。

十一者。女轉男身。十二者爲王臣女。十三者端正相好。十四者多生天上。

解、十一是女子轉化男身。十二是做帝王大臣的女兒。十三是相貌生得端正美好。十四是這人死了。多數可以生到天上去。

釋、有厭惡女人身的人。讀經供像。來世就可以女轉男身。或是來世可以生到沒有女人的世界裏去。若是爲了度人的願力自己歡喜做女人身。那麼常常投生到帝王家裏去做女兒。端正相好。人家自然都會敬重你了。或者是承了這福利上天去享樂。

十五者或爲帝王。十六者宿智命通。十七者有求皆從。十八者眷屬歡樂。十九者諸橫消滅。二十者業道永除。二十一者去處盡通。二十二者夜夢安樂。二十三者先亡離苦。二十四者宿福受生。二十五者諸聖讚歎。二十六者聰明利根。二十七者饒慈愍心。二十八者畢竟成佛。

解十五是卽使天福享滿了。降下人間。還可以做帝王。十六是不但做帝王。還能夠知道宿世的事情。十七是有所求的事都可從願。十八是家眷親族大家都很快樂。十九諸般的橫禍也都給你消滅。二十。二十三業惡道。可以永遠免除。二十一是所去的地方都可以通達。二十二是連夜間睡夢也都安樂。二十三是先死亡的家眷。仗了這功德的資助。都能離苦得樂。二十四是倘若這先死的人。本來有宿福的。就仗了這資助受生天上去了。二十五是諸尊佛菩薩也都來讚歎你。二十六是六根都很聰明敏利。二十七是使你饒足慈悲心。多憐愍人家的心意。二十八是畢竟使你成佛。

釋、能夠依了佛的話去做。做得周全恭敬。人人可以得到這二十八種大利益。或者這利益。你要現世受。來世受。都可以依你的心願。倘若能夠將這種種的大福利。自己一種也不要。都迴向法界。這個人是慈悲極了。一定得到諸佛菩薩的讚歎。畢竟可以令你成佛。

復次。虛空藏菩薩。若現在未來天龍鬼神。聞地藏名。禮地藏形。或聞地藏本願事行。讚歎瞻禮。

解、佛又對虛空藏菩薩說。倘若現在未來的天龍鬼神一類。聽到地藏菩薩的名號。禮拜地藏菩薩的形像。或是聽到地藏菩薩的本願所修行的事。讚歎瞻禮。

釋、人和天既是有高下的分判。修法當是不一樣的。況且他們所修。不過了因罷了。不像人因緣並了的。

得七種利益。一者速超聖地。二者惡業消滅。三者諸佛護臨。四者菩提不退。五者增長本力。六者宿命皆通。七者畢竟成佛。

解、便可以得到七種的利益。第一從凡夫或天龍鬼神的地位。很疾速的超入聖地。第二生生世世所作的惡業。都可以完全消滅。第三常得諸佛菩薩的保護監臨。不受惡魔的侵害。第四所得的菩提。再不退失。第五增長自己本有的智慧能力。第六得宿命智。能知過去未來之事。第七卽身成佛。

釋、依據了地藏大士的本願修行。無論那一種。都可以超入圓教佛法的地位。何況已有根本的神通呢。宿命一通。在法界中的過去未來。都能曉得了。

爾時十方一切諸來。不可說不可說諸佛如來及大菩薩。天龍八部。聞釋迦牟尼佛。稱揚讚歎地藏菩薩。大威神力不可思議。歎未曾有。

解、這個時間十方一切許多所來的不可說不可說數的諸佛如來以及諸大菩薩。天龍八部。聽了這位釋迦牟尼佛稱揚讚歎地藏菩薩的大威神力。眞是不可思議。使他們都歎美道。從來所未有的。

釋、十方八部。是總結開首的雲集聖衆。諸佛菩薩。在未放光之前已聚集了。是發起本經的原因。天龍八部在放光後。方才會集。也是發起的大衆。一直聽了佛讚歎這地藏菩薩的不思議的大威神力。現在又見大士擔負了這樣的重任。當然是要歎美從來所未有的了。

是時忉利天。雨無量香華天衣珠瓔。供養釋迦牟尼佛及地藏菩薩已。一切衆會俱復瞻禮。合掌而退。

解、這時間忉利天裏。像下雨一樣的。落下無量數的香華天衣。以及珠玉瓔珞。來供養釋迦牟尼佛。及地藏菩薩供罷。一切集會的大衆。俱來重復的瞻禮世尊。瞻禮罷。都合掌退散了。

釋、釋提桓因本是本會的主人。應該是要散下香華天衣（天衣從樹裏生出來的又輕細又自然）等來供養佛以及地藏菩薩的。也是表謝佛的說法。以及大士救度六道的慈悲。別的經。佛說罷了。在會的大衆皆大歡喜因爲佛說罷這部經。就入涅槃了。大衆悲哀也來不及。那裏還會歡喜呢。所以含悲的瞻禮了這最後一次。就都合了掌默默的退散了。

仁者。你們閱完這一部經。一定還記得布施校量品裏面。佛告訴我們的一毛一渧迴向法界。百千生中受上妙樂這幾句。我們既然都是佛弟子。應該要聽佛的話。況且地藏大士的威神不可思議。這部經當然也不可思議的。那麼我解釋的。和你們閱讀的。所得的功德福利。自然也不思議的了。現在不分你我。把這所有的許多不可思議不可思議的功德。和應得的無邊福利。大家發出至心慈悲的切願來。迴向法界。我再寫四句迴向偈在這裏。

願以不思議功德　迴向法界諸衆生
普願盡授菩提記　大士畢願取正覺

地藏菩薩本願經白話解釋終

附地藏菩薩像靈驗記

宋沙門常謹集錄

梁漢州德陽縣。善寂寺東廊壁上。有張僧繇所繪地藏菩薩像。形狀似僧。披斂而坐。時有異光煥發。唐麟德元年。寺僧模寫。再見發光。麟德三年。王記赴任資州刺史時。常以模寫。精誠供養。同行船十艘。途中忽遇風起。九艘皆沉沒。惟王記船。毫無恐怖。卽知爲菩薩慈悲加被。垂拱三年。天后得聞此事。遂勅令畫師模寫。放光如前。至大歷元年。有寶壽寺大德。於道場中。復見放光異相。卽寫表上奏。帝乃虔心頂禮。備極讚歎。當菩薩現光之時。國常安泰。又一商人妻。妊娠經二十八月不產。一日忽見菩薩光明。遂一心發願模寫。當夜便生一男。相好端嚴。見者歡喜。於是舉世號放光菩薩。（摹像出險）

唐雍州鄠縣。有李氏女。素持齋奉佛。甚具信心。家中供奉木雕地藏菩薩像。高一尺六寸。頗具靈異。李氏有婢。年五十有餘。邪見不信正法。一日俟李氏他出。移像投諸宅外荒野中。李氏還家。啼哭尋求。忽見像在野放光。歡喜迎歸。而不知是婢所爲。明日婢忽悶絕。不省人事。繼忽蘇醒。啼哭懺悔。自說幽途事曰。死時見二騎馬官人。讀官牒謂婢毀辱聖像。已犯大罪。縛去見王。備受怒責。當配大地獄受苦。爾時有一沙門到廳。王卽降座。恭迎問故。沙門曰。此人是我檀越家婢。雖厭我像。我不捨之。望王垂愍。賜其壽命。王曰。當隨師命。時吾聽已。而心懺悔。不意唱言南無地藏大菩薩。卽時見廳中罪人。隨聲所及。杻械自脫。沙門卽牽吾手出廳。因卽蘇醒。李氏聞言。益敬重其像。一縣中人。由是莫不咸生信仰云。聞聲脫械

唐撫州刺史婦祖氏。皈敬地藏大士。信心眞切。惟生身父母。尚未生信。祖氏乃爲父母捨錢帛。造金色地藏菩薩像一尊。高三尺。盡誠供奉。時父因事出行。其母獨居。夜有惡賊。潛窺屋隙。欲盜衣服。見地藏菩薩危坐。明日賊易服至其家。見老母莊嚴其身而居。却不見有聖像。心竊異之。卽自行發露己罪。以表愧歉。說夜所見。後父往撫州。路中遇怨家拔刀來斬。忽有一金色沙門。以手拒刃。以頭受刃。被害臥地。時怨家

謂已殺害。隨卽散去。其父得免刑害。甚覺希奇。旣到其女家。具述前事。生希有心。共往佛所禮拜。見像頭有三刀痕。金色少變。似係血流。祖氏遂知地藏菩薩代受刀刃。救父之難。其父卽生正信。並迎母至署。三人晝夜禮供。父七十九歲方卒。經三十五日。祖氏夢見其父。身帶光明。騰空自在。往來飛行。生希有心。遙拜問生何處。答言生第四天上。同事補處。彼天生人。多是地藏大士引導。汝母後十三年壽盡。當生。汝身二十五年方生。汝夫二十八年方生。言訖隱去。其後母及祖氏夫婦。皆如父所說。此後一州內。造像畫像。禮拜供養者甚衆。多得感應。　助父生天

唐李信思居士。瀘水人。其家男女三十餘人。被惡鬼所擾。相率臥病。或吐赤血。或致悶絕。時信思憂惱。問僧解救方法。沙門思惟良久而告之曰。昔如來在世時。摩揭提國。毗富羅山下。橋提長者家內。亦被惡鬼所惱。其家五百人。並皆悶絕。旬日不覺。爾時地藏菩薩遊化諸國。至長者家。生大悲心。說咒救之。一時皆得除愈。汝須依彼法。皈依地藏大士。一心稱名。信思歡喜奉行。圖菩薩像。自是瀘水縣五十年間。得免病怖。　驅魔除患

唐鍾山開善寺。有地藏菩薩像。高三尺。通光四尺五寸。多年不識爲誰所造。後揚州都督鄧宗。年六十一。以微疾致死。其心仍煖。故未入殮。一日夜蘇。悲苦無言。扶子孫詣開善寺問僧。此中有地藏菩薩像。高三尺。通光四尺五寸者否。余欲禮拜供養。諸僧不知所在。如言尋覓。竟得。鄧宗禮敬。並欲請像。僧問所懷。答言吾死時見四品官人被掣至王前。王曰。汝不可死。又奉法以爲家業。當早還人間。但冥途可怖。人不知之。汝欲見地獄否。曰。吾欲見之。卽召示綠衣官人隨彼出城。赴東北方五六里。有大鐵城。鐵城鐵門關閉。漸見彼城中猛火洞然。迸火如鍛。百千罪人在中受苦。時有一沙門入獄。防禦猛火。教化罪人。火燄暫息。前進又到一鐵城。十八地獄在中受苦之相。不可具說。復見沙門。教誡罪人。同前。一一遊覽畢方還。沙門從地獄出。謂汝知吾否。答言不知。沙門云。吾是開善寺之地藏菩薩也。昔有沙門智藏法師。其弟子智滿法師爲欲救三塗衆生受苦。故刻雕吾像。吾順其請。每日一時入十八地獄。無量小地獄。敎誡示導。其宿種善根。善力較強者。一發心卽得出苦。其次善力弱者。但種出苦因。其斷善根邪見獨深者。則不覺不知。了無出苦心。若在人間。善根微弱者。尚易化度。

若一八惡道。聖力不能救拔。宛如本有。惡業力甚強。故此等不覺者。待後出時。宿種微強。可發悔心。汝奉法力。免地獄苦。早還人間。宣告大衆。卽舉目仰瞻沙門。身高三尺。頂光耀目。沙門隨授二偈曰。若在人間可修道。闡提有心尙可發。若入惡道業已熟。心無分別不可救。如衰老人欲行路。若動其足扶易進。倘臥不動力不及。衆生業定亦復然。偈訖卽隱。寤寐中牢記其事。恐有錯誤。不語他人。今見此像。全同所見。以是因緣。故欲請之。僧聞言已。歡喜讚歎。謂但可描摩。不可請去。乃雇巧工模像留舊。

奉法同陽

唐簡州金水縣。鄧侍郎素信佛。一日在途。見折杖頭刻有僧形。持歸插壁。後經兩三年。頓遭疾死。心胸微暖。疑之不殮。越一日夜。復蘇。流淚起言曰。初死之時。兩騎牽吾入大城門。至王廳前。見庭中有百千萬人。被杻械者。王正瞋怒。欲呵責吾。爾時有一沙門。形容醜陋。進至廳前。王恭敬起座。合掌胡跪。白言大聖。何故忽來。沙門曰。侍郎是吾檀越。汝宜赦免。王言。業既決定。命食俱盡。礙難赦免。沙門曰。我昔於三十三天善法堂中。受佛咐囑。能救定業諸惡有情。非始今日。況侍郎非犯重罪。豈可不救。王曰。大士大願。堅固不動。如金剛山。願卽遵示。放還人間。沙門歡喜。引侍郎手。導入生路。將欲別去。侍郎請曰。沙門救我。是大恩人。請示法號。永作記念。沙門答曰。我是地藏菩薩。汝昔在人間。路側見我像。曾不識知。持置壁中。小兒戲刻杖頭爲像。唯刻頭面。未有餘相。是故形醜。能追憶否。作是言已。忽然不見。侍郎醒後。於屋角壁中。見杖頭像。杖已中分。乃副以檀木。改造成五寸像。時放光明。朗照一室。侍郎更造大像。捨家爲寺。號地藏臺。供奉小像於中。遠近人衆。瞻仰如市。

傾誠遇赦

唐華州慧日寺僧法尙。年三十七出家。昔在家時。曾爲遊獵。一日見林野叢中。數數放光。心竊異之。繫馬檢視。唯見朽木。長僅尺餘。持還家中。後遊獵次。仍見原處放光。心生奇念。因將朽木心。置株上而返。途中遇虎。馳馬逐之。弦斷無替。猛虎還向。恐怖逃遁。馬蹶而落。自料被齧。恐難幸免。失神如夢。見一醜狀沙門。來追猛虎。問汝爲誰。答言吾是地藏菩薩。林野朽木。卽吾身也。汝曾祖於斯建寺造像。寺已破壞。我像朽損。惟有木心。汝爲彼孫胤。見我光明。故今救汝。良久醒覺。見馬嘶立。猛虎無蹤。深自悔責。乃於前放光之處。建造精舍。朽木粘泥。塑地藏像。再續法燈。卽慧日精舍是。法尙七十八。其年二月二十四日。告同伴曰。地藏菩薩。來至我舍。曾言汝乃慈氏如來三會說法中第二會得道人也。今日捨壽卽生忉利。我白大士天上五欲境界。快樂無比。迷失菩提。難期遇佛。唯願往生西方安樂世界。菩薩答言。隨汝所願。若欲往生淨土。當念阿彌陀佛。一日一夜。專心致志。卽得往生。聞此來告。從昨日起。專念阿彌陀佛。現今往生淨土。言已。合掌面西而卒。 术心禦虎

唐陳都督之少女。自幼喪母。晝夜戀慕。以未能見。意欲取死。都督慰言。吾亦汝親。汝母雖亡。汝父尙存。何故不思飮食。欲自取死。汝若思慕亡母。宜造地藏聖像。祈救母苦。卽捨錢五百。雇匠奉刻。雕三尺像。女白父言。唯欲安置母先臥處。若欲見母。卽見此像。父生哀愍。爲捨寢室。置其尊像。女晝夜禮拜供養。祈救拔母苦。夢見沙門告曰。汝母今在焦熱地獄。吾女身時。父名尸羅善現。母號悅帝利。以母死後。受地獄苦。因發菩提心。誓拔衆生苦。感汝孝心。身入地獄。爲汝放光說法。救拔罪苦。令得生天。陳女見沙門衣裳焦損。卽問此因。沙門答言。入地獄時。猛火炎烈。而致焦黑。陳女聞之。知母生天無疑。不勝悲喜。遂終身守貞而奉持焉。 刻像薦親

唐路州刺史康居通。正信貞誠。多年奉事地藏菩薩。更發心畫菩薩尊像。未施衆彩。光明灼然。由是信心彌篤。偶夢被兩騎官兵追逼。難逃怖立。官兵下馬曰。吾等誤矣。地藏檀越。雖有重過。勢難陷之。言訖而隱。醒已。信奉益虔。僖宗廣明元年。國中患疫。魑魅横行。死者山積。通夢青鬼百千。過其門曰。此家地藏菩薩室。吾等從屬愼勿入門。既寤歡喜。一家免難。於中和年間。遠道出行。雪中失途。因念地藏菩薩。忽見鸚鵡。雪上跳去。異而逐之。卽得正路。至光啓中。身患微疾。誠求除愈。夢感僧曰。汝殺青雀。合墮地獄。今令償還彼業。稍受痛苦。俟明後日方生淨土。聞已旋寤。歡喜禮拜。病既除愈。果越二日正念而卒。　大疫無憂

五代唐別駕健渴。信心清淨。奉法爲旨。一日問僧。在家居士。將事何佛菩薩。諸僧異辭。有云宜事地藏。受佛勅故。健渴自念。既受佛勅。豈捨我等。卽求旃檀。造三寸像。籠於髻中。行住坐臥。稱念名號。莊宗天成中。天下兵亂。健渴被圍。受死須臾。卽念地藏。大將策騎。驚惶捨去。兵亂平後。語此因緣。聞者嘆異。長興年中。赴任所時。怨家聞之。欲加刑害。伏路以待。只見沙門過往。都不見渴。悔謝怨解。又途中夜宿。天降大雨。燈

火都滅。髻中聖像放光如晝。忽有微音。如幼人曰。早去早去。卽驚異之。以光前導去宿別處。明日洪水大起。宿所深陷水底。自知地藏菩薩救護。淸泰二年。行年七十八歲方卒。臨命終時。髻像放光。合掌念佛。安然而沒。光明指天升去。持名解厄

五代時。葦州有鄧氏女。其母早亡。伯父養育。晝夜戀母。祈問沙門。云何復見母顏。沙門曰。地藏菩薩。本願大悲。一心稱念。會復得見。女晝夜念名。後對沙門曰。女依師恩。再見慈顏。衣裳一領。謹以奉施。沙門具問始終。女曰。我夢在沙門背。飛昇天上。見四十九重摩尼寶殿。天人充滿其中。母在衆中。往詣其處。禮拜問訊。母言汝念地藏菩薩。送我於此。再得見汝。感應如是。敢忘師恩。母亡得見

五代時。荊州有士。獵雁爲業。擧世揚名。稱爲雁雄。年五十一。觸瘴氣死。妻捨塚間。以飼虎狼。三日旋蘇。還到舊室。妻子驚怖。謂狂鬼變。雄具語曰。我死之時。火車迎前。爲猛火燒。有一沙門。以水灌車。火滅身涼。生希有念。繼到王所。猪羊雞雉。千萬禽獸。前白王言。彼奪我命。乞治雁雄。大王答言。汝等旣訴。雄必惡人。惟彼先祖。皈依地藏。彼以孫胤。得免火苦。雁雄見狀。遂一心稱地藏菩薩名。庭中鳥獸。均變人形。王卽放我。

因得蘇來。更捨家室。自稱佛奴。遊行人間。常言地獄極苦。勸念地藏菩薩。堪免斯難。

火滅更生

宋開寶寺釋惠溫。育一童子。不知姓名。方年十四。相者健眞。謂爲短壽。再活一月。必致不育。師聞此說。放彼還家。時大雨降。往返不通。投宿畫師屋。見地藏菩薩像。自以指甲。學彼畫圖。畫於壁上。天晴還家。月餘之後。更還開寶。惠溫歡喜。謂健眞誕。卽召健眞。令見童子。詫言延命將五十年。此事希有。不識所由。童子自語。吾以指甲。畫地藏像。其夜有僧召我。謂曰。五十五十。如是者三。遂不復見。惠溫及相者歎未曾有。後童子出家。精修六度。號惠藏法師。

轉夭爲壽

宋陳留郡有貧女。傭力謀生。自忖命苦。遂齋戒。稱念地藏菩薩聖號。欲求富貴。自量宿業深重。豈果所願。於開寶五年閏二月二十四日。齋時。見家內細蟻甚多。深恐蹈殺。不敢入室。見諸蟻相。普作金色。心殊驚異。鄰家見者。皆以爲怪。經一日夜。悉皆散隱。女始入內。見臥茵上。蟻成沙金。集滿三斗。純是眞金。女賣出之。忽得富貴。信心彌固。捨家爲寺。郡主喪耦。以女爲妻。重之如神。

求富得金

宋遼城鄉里約有二千餘戶。素奉大法。兼信觀音地藏。尤重觀音經。及地藏十輪經。有古伽藍。三間四面青瓦葺堂。左右安觀音地藏兩尊像。高七尺五寸。中間安阿彌陀佛像。高一丈六尺。時著靈瑞。太宗太平興國中。疾疫流行。夭亡者多。城主禱於地藏菩薩像。放光照里。皆得平愈。亡者復生。有一神女不信佛法。經已病死。一日方蘇。詣精舍中。禮地藏尊。泣求出家。人問所以。神女語曰。吾被鬼縛。雖呼神救。神見惡鬼受沙門感。竟捨吾去。有沙門言。汝愚癡女。徒憑神道。不信佛法。我是大寺地藏菩薩。依城主請。救汝愚女。授汝生命。建寺鄉里。直防護之。吾誡惡心。並不制鬼。所以者何。鬼者自業。非他所作。神女述沙門言竟。並自言今我見聞斯事。再得生活。改邪歸正。故請出家。聞者隨喜。許彼爲尼。 放光掃疫

宋千福寺內東北角。有地藏聖像。高一尺六寸。不知誰作。何時代出。惟相傳靈異甚著。投宿禮懺。必獲感通。時一居士。年三十七。都無一齒。尋到像前。斷食祈請。夜半感夢。像來摩頂。遍體輕安。既寤則生三十八齒。見聞靈異者。模寫設禮。皆得感通。世多知者。不能煩記。 祈請生牙

宋海陵縣諸兒遊嬉海邊。戲以沙畫地藏菩薩像。俄聞雷聲。各各驚走。時一沙門。前來救護。弱者起之。倒者扶之。泣者慰之。某畫師兒驚駭走入海中。負之向岸。予以飮食。並授一玉。狀似水晶。大如蓮子。父取還家。爲造聖像。兒長大後。竟致富貴。佳兒得寶

宋沙門智祐。西印度人。天福年中來華。住淸泰寺。所持經像中。有地藏菩薩變像。並本願功德經梵筴。其像中央圓輪中。畫菩薩像。冠帽。持寶物。左右有十聖像。左五者。一秦廣王。二楚江王。三宋帝王。四五官王。五閻羅王。右五者。一卞成王。二泰山王。三平等王。四都市王。五五道轉輪王。一一各具司命司祿府君典官等。自說緣起曰。昔西印度有菩薩。慈悲救世。發大誓願。爲救三塗受苦衆生。故畫地藏像。往十王城。告勅之曰。今我發願救三塗苦。請利益之。十王合掌敬諾。白像曰。一切衆生。皆屬大聖。所欲化導。我等謹爲伴助。爾時尊像。微笑言。善哉衆生罪業。不久得輕。卽放大光明。照三塗苦惱。所照衆生。諸苦休息。因緣蓋如是也。余於流沙。遭妖媚鬼。祈念菩薩。因得持錫杖追擊。又夜中大雨時降。苦無燈火。不知東西。猛獸哮吼。人馬共迷。此像放光如晝。猛獸方散。道路復通。又逢大河。波濤涌沸。不測淵深。其水甚弱。不浮木葉。何

況船舶。祈念聖像。卽見沙門一人。童子二人。一童捧幡。一童棹船。沙門手持梵筴。卽渡我等既到東岸臨別去時。贈我梵筴。謂此土道俗。可模寫之。由是諸人競模。多感靈異。三年後。不知祐及像所在。人皆疑還印度。則沙門智祐。爲地藏化身必矣。（大士化身）

民國二十年前某歲之夏。聶雲臺居士浣暑廬山。一日。忽嬰時症。牽動舊疾。病勢嚴重。中西醫均束手無策。其子聞信馳往省視。居士神志甚清。於枕上告之曰。汝勿焦慮。但至誠禮誦地藏本願經。求大士加被。吾病速瘳。如報身已盡。卽助之往生安養。於願足矣。郎君唯唯應命。越數日。居士之病竟不藥而愈。遂相率下山回滬寓靜養。從此居士父子信仰大士彌篤。一遇有疾。則於電台上播送地藏本願經。無不立驗。此余曩居聶家所親見者。而廬山却病之事。爲居士自述以告余云。

桐城龍健行謹記

地藏菩薩像靈驗記終

國家圖書館出版品預行編目資料

地藏菩薩本願經白話解釋 / 胡維銓著. -- 1 版. -- 新北市：華夏出版有限公司, 2023.03

面；　公分. -- （Sunny 文庫；258）

ISBN 978-626-7134-42-9（平裝）

1.CST：方等部

221.36　　111011280

Sunny 文庫 258

地藏菩薩本願經白話解釋

著　作　胡維銓

印　刷　百通科技股份有限公司

電話：02-86926066 傳真：02-86926016

出　版　華夏出版有限公司

220 新北市板橋區縣民大道 3 段 93 巷 30 弄 25 號 1 樓

電話：02-32343788　傳真：02-22234544

E-mail：pftwsdom@ms7.hinet.net

總經銷　貿騰發賣股份有限公司

新北市 235 中和區立德街 136 號 6 樓

電話：02-82275988　傳真：02-82275989

網址：www.namode.com

版　次　2023 年 3 月 1 版

特　價　新台幣 500 元（缺頁或破損的書，請寄回更換）

ISBN：978-626-7134-42-9

《地藏菩薩本願經白話解釋》由佛教書局授權華夏出版有限公司出版